GUIDE

DU

PRÉPOSÉ DES DOUANES.

1850.

—

GUIDE

DU

PRÉPOSÉ DES DOUANES,

PAR

J.-B. GUILGOT,

VÉRIFICATEUR A MONTBÉLIARD.

MONTBÉLIARD,

IMPRIMERIE DE ROD.-HENRI DECKHERR.

1850

INTRODUCTION.

Tous les Préposés savent lire et écrire ; c'est là la première condition de leur admission dans les brigades ; tous sont désireux de s'instruire, mais tous ne peuvent arriver, même après un long service, à remplir convenablement les fonctions qui leur sont confiées.

Et cependant, ce n'est certes pas le concours éclairé de leurs chefs qui leur fait défaut. Ce ne sont ni les conseils, ni les exhortations, ni les exemples qui leur manquent.

Il faut donc rechercher les causes de leur insuccès dans l'absence d'un livre fait exprès pour eux, d'un livre qui, leur traçant pas à pas leurs obligations, leur apprendrait à opérer d'une manière toujours sûre, lors même que, loin de leurs chefs, ils seraient abandonnées à eux-mêmes.

Ce livre qui leur manque, je viens de le faire. S'ils le lisent souvent, je ne doute point qu'ils ne finissent par connaître tout ce qu'ils doivent savoir, parce qu'il n'est pas une intelligence, quelque médiocre qu'elle soit, qui ne fasse des progrès marqués quand elle s'applique constamment à étudier la même matière.

Le service des douanes se partage en deux branches distinctes : le *service sédentaire*, ou de bureau, etabli pour opérer les vérifications, assurer la perception des droits, délivrer tous les actes propres à garantir les intérêts du trésor ; et le *service des brigades*, ou service actif, destiné à empêcher, par une surveillance permanente des frontières, les introductions et les exportations faites en fraude des droits ou au mépris des prohibitions.

L'action de ces deux services s'exerce dans la

partie du territoire français soumise à leur surveillance : cette partie de territoire s'appelle *ligne* ou *rayon des douanes*.

Le rayon comprend toute la portion de pays située dans les deux myriamètres des frontières : ce rayon peut même être étendu jusqu'à la distance de deux myriamètres et demi. Sa profondeur se mesure par une ligne droite prise sur un plan parfaitement horizontal. Il se divise en trois portions bien distinctes : *zône extérieure*, ou partie du rayon qui se trouve entre les bureaux d'entrée et l'étranger ; *zône intérieure*, qui se prend de la ligne des bureaux et brigades placés sur la frontière, et se prolonge dans l'intérieur de deux kilomètres et demi ; enfin le *surplus* de l'étendue des deux myriamètres.

Il y a des marchandises qui suivent différents régimes, selon qu'elles se trouvent dans l'une ou l'autre partie du rayon. Ainsi, dans les deux kilomètres et demi de la frontière, les chevaux ne peuvent circuler sans expédition ; les bestiaux et les fromages sont assujettis au compte-ouvert ; les marchandises prohibées à l'entrée, celles payant plus de 20 fr. par 100 kilog., ou taxées à plus de 10 °/₀ de la valeur, doivent faire l'objet d'un compte spécial ; les chiffons ne peuvent circuler dans les 15 kilomètres sans être accompagnés d'un passavant ; les entrepôts frauduleux sont interdits dans tout le rayon ; les tissus prohibés peuvent même, ainsi que les tabacs, les armes de guerre, les poudres et salpêtres, et les cartes à jouer, être recherchés et saisis dans toute l'étendue du pays.

La loi n'a point déterminé d'une manière particulière les quantités de marchandises qui peuvent donner à une contravention le caractère d'une infraction punissable, et elle en a agi ainsi pour enlever tout prétexte à la fraude ; un arrêt de la cour de cassation a même décidé, le 31 juillet 1841, que le peu d'importance matérielle d'un objet saisi ne saurait être, pour les tribunaux, un motif de ne pas appliquer les lois pénales : mais on ne doit faire une application rigoureuse de cette loi que dans les circonstances d'un délit intentionnel bien caractérisé. Quand il ne s'agit que d'objets presque sans valeur, on les considère comme *minuties*, on se borne à les saisir sans verbaliser et on les transporte au bureau où un registre est ouvert pour leur inscription.

Il est permis aux chiffonniers d'avoir chez eux la quantité de 25 kilog. de chiffons ; un cultivateur peut avoir dans son établissement quelques kilog. de sel sans qu'il soit tenu d'en justifier l'origine, comme un particulier peut avoir quelques faibles provisions de denrées coloniales, ou d'autres objets indispensables à ses besoins.

En matière de douanes, les délits et les contraventions ne se confondent jamais : chaque infraction comporte sa répression spéciale et distincte, et le même tribunal ne peut être valablement saisi de deux délits qui, bien que connexes et commis en même temps par la même personne, seraient rangés par la loi sous la compétence de deux juridictions distinctes. Dans les cas de l'espèce, les employés doivent dresser autant de rapports qu'ils ont de faits distincts à constater, lorsque, d'ailleurs, le jugement de ces faits appartient à des juridictions différentes. Ainsi, la saisie à l'entrée de chevaux, de bestiaux, de boissons ou de toute autre marchandise payant moins de 20 fr. par 100 kilog. (voir le n° 61), est de la compétence du juge-de-paix Il en est de même de *tous les délits commis à l'exportation*, à l'exception de ceux qui concernent les poudres, les cartes, les armes de guerre et les tabacs indigènes ; ces derniers sont du ressort des tribunaux correctionnels, ainsi que la saisie à l'importation d'objets prohibés à l'entrée ou de marchandises tarifées à plus de 20 fr. par 100 kilog. (voir le n° 60). Si donc les préposés captureraient du tabac avec du riz, par exemple, ils dresseraient deux procès-verbaux, en ayant soin de relater, dans l'introduction de chacun de ces actes, les circonstances de la découverte simultanée des infractions. Le premier rapport rédigé serait celui concernant la partie de l'affaire qui doit être déférée au juge-de-paix ; ils y énonceraient, ainsi que l'exige la loi, l'heure précise de la clôture des opérations, et ils veilleraient à ce que, par le rapprochement de celle du commencement de la rédaction du second procès-verbal, laquelle serait également indiquée dans ce dernier rapport, il ressortit une preuve irréfragable qu'ils n'ont, dans l'intervalle de l'une à l'autre opération, diverti à aucun autre acte.

Quelquefois la douane est appelée à constater des contraventions à la requête d'autres administrations, telles, par exemple encore, que le dépôt frauduleux ou la vente clandestine des tabacs indigènes ; — le colportage des cartes à jouer ; — la vente ou la fabrication des poudres et salpêtres ; — la circulation, l'exportation ou l'importation des boissons ; — le port illicite des lettres et journaux ; mais elle ne poursuit pas elle-même la répression. Seulement les rapports sont rédigés à la requête de l'administration appelée à connaître du délit, et ils sont remis, avec les objets trouvés en fraude, au chef de service de cette administration.

Il peut arriver aussi que les employés découvrent, avec des marchandises sujettes aux lois de douanes, d'autres marchandises concernant les attributions d'autres administrations. Dans ce cas, il faut rédiger deux procès-verbaux, l'un pour la douane, l'autre pour l'administration que la fraude intéresse. (Voir le n° 73.)

GUIDE

DU

PRÉPOSÉ DES DOUANES.

CHAPITRE PREMIER.

§ 1.er

Création des Brigades.

1. Les brigades sont distribuées sur les côtes et frontières : leur surveillance s'exerce dans toute la profondeur du rayon.

Chaque brigade a une penthière spéciale, c'est-à-dire une portion déterminée de terrain à garder.

Les brigades sont surveillées par des Sous-inspecteurs et des Inspecteurs ; elles sont composées de Capitaines, de Lieutenants, de Brigadiers, de Sous-brigadiers et de Préposés à pied et à cheval.

2. Pour garder les côtes, des embarcations sont attachées au service des douanes : les équipages sont composés de Capitaines, de Lieutenants, de Patrons, de Sous-patrons, de Matelots et de Mousses.

§ 2.

Recrutement et Admission.

3. A dater du 1er Janvier 1830, les limites extrêmes de l'âge de l'admission dans les brigades sont, dans toutes les Directions, 25 ans pour les postulants n'ayant pas été militaires, et 29 ans pour ceux comptant des services à l'armée ou dans la marine, sans qu'il soit indispensable que ces derniers se trouvent encore dans l'année même de leur congé.

Les sous-officiers ayant contracté un réengagement, présentés à l'administration par les ministères de la guerre et de la marine, sont, dès-lors, les seuls qui puissent être admis dans les brigades jusqu'à l'âge de 33 ans.

Les anciens militaires et marins de l'Etat, qu'ils soient gradés ou non, ne pourront être exclus pour défaut de taille: les aspirants aux places de matelots sont également admissibles pourvu qu'ils aient 1 mètre 560 millimètres.

Pour les postulants qui n'ont pas été militaires, le minimum de la taille est fixé à 1 mètre 624 millimètres (5 pieds). Quant aux demi-soldes (voir le n° 9), ce minimum, en vue de leur croissance ultérieure, peut, sans inconvénient, être abaissé à 1 mètre 600 millimètres (4 pieds 11 pouces). (Circ. n° 2360).

Les postulants illettrés doivent être absolument repoussés des cadres : il est seulement admis qu'à cet égard, il y ait quelque tolérance pour les sujets destinés à servir comme simples marins à bord des embarcations. Mais, pour la police du rayon sur les frontières, comme pour les grands ports, il est de toute nécessité que les préposés sachent lire et écrire : cette condition, absolue pour les anciens militaires, comme pour les autres, a d'ailleurs pour effet d'accroître le nombre possible des bons sous-officiers. (Circ. n° 2360).

Parmi les candidats qui se présentent, le choix doit nécessairement tomber sur ceux qui offrent les meilleures conditions d'aptitude dans l'intérêt du service. A mérite égal, les anciens militaires doivent obtenir la préférence.

Les hommes mariés sont écartés du recrutement. Les sujets nouveaux n'étant, pendant la première année de leur admission, considérés que comme placés à l'essai (voir le n° 10), ne peuvent produire de demande en mariage que dans le courant de la deuxième année. (Circ. n° 2360).

4. Les pièces à produire pour être admis sont les suivantes :

1° Acte de naissance dûment légalisé ;

2° Certificat de moralité, aussi légalisé ;

3° Certificat d'un médecin, avec les observations du capitaine et l'avis de l'inspecteur ;

4° Certificat constatant que le postulant est libéré du service militaire, — ou congé avec certificat de bonne conduite, délivré par les chefs du corps.

5. Il est justifié de la visite du médecin par la production d'une feuille individuelle sur laquelle le capitaine et l'inspecteur donnent leur avis personnel, à la suite du certificat du médecin, sur la complexion apparente du postulant, sur son instruction, sur le degré d'intelligence qu'il annonce, et, autant que possible, sur les garanties de moralité qu'on peut trouver dans ses relations, ses habitudes et sa position antérieure.

Tout homme susceptible d'être exempté ou réformé du service militaire, doit, par cela même, être réputé inhabile à servir dans la partie active. (Circ. 2360).

6. Les nouveaux admis, à l'exception des sous-officiers (voir le n° 8), sont tenus de verser, à titre de première mise de masse, une somme de soixante francs, au moyen de quoi on leur fournit les objets les plus indispensables pour faire le service, à savoir une casquette-phécy, une capote et un mousqueton. (Circ. 2360).

7. Les postulants, dirigés d'une direction dans une autre, sont, avant d'être mis en mouvement, examinés dans la direction qui les fournit.

Ceux qui demandent à rentrer dans la direction d'où ils sont sortis, ne peuvent y revenir qu'après cinq ans d'exercice au moins.

8. Les sous-officiers qui sont désignés par le ministre de la guerre pour le service des douanes, sont appelés, dès leur début, dans une brigade de ville ou ambulante. Les états de présentation qu'il en fait indiquent l'époque de leur libération, la contrée où ils désirent être placés, et donnent l'assurance qu'ils n'ont aucune infirmité, apparente ou cachée, qui les empêche de reprendre ou de continuer le service. Les vacances leur sont réservées de préférence à tous autres candidats.

Il est pourvu aux frais de leur premier établissement au moyen du prélèvement, en leur faveur, d'une somme de cent francs sur le fonds de 2000 fr. ouvert, à cet effet, au budget. Sur ces cent francs, 60 fr. sont versés à titre de première mise de masse, et les 40 fr. restants leur sont comptés à leur arrivée au poste qui leur est assigné, pour qu'ils puissent vivre en attendant la solde de leur second mois d'exercice.

9. Les fils de préposés, ayant au moins 18 ans, et possédant le zèle et les forces nécessaires pour se rendre utiles à l'administration, peuvent être nommés à demi-solde, (voir le nº 5 § 4). Ils sont ordinairement placés dans le même poste que leur père, et ils sont commandés, pour le service, de manière à ce qu'ils n'aient jamais à signer, en second, des procès-verbaux de saisie.

10. Pendant la première année de leur admission, les sujets nouveaux ne doivent se considérer que comme placés à l'essai, car rien ne milite en faveur des préposés auxquels on a à reprocher, dès leur début, des écarts de conduite, de la paresse, ou de l'insubordination. Ces mauvais penchants, s'ils se reproduisent dans les premiers temps de l'admission, ne font que s'aggraver ensuite. Il est donc nécessaire de purger tout d'abord les brigades de ceux qui y sont enclins.

§ 3.

Avancement.

11. Pour être pourvu d'une place de *Sous-brigadier*, il faut avoir servi 3 mois au moins comme simple préposé.

Le grade de *Brigadier* ne peut être conféré qu'après six mois d'exercice dans celui de sous-brigadier.

Les candidatures pour ces deux grades sont établies par les capitaines dans leurs états semestriels de signalements, et c'est parmi ces candidats ainsi désignés que les inspecteurs choisissent ceux qu'ils présentent pour remplir les vacances qui surviennent.

12. Les brigadiers qui ont rendu d'utiles services, — qui ont une bonne conduite, — un degré convenable d'aptitude, — de la fermeté dans le commandement, — et qui se sont

usés dans la partie active, peuvent être admis dans les bureaux ; mais, sauf des circonstances tout-à-fait exceptionnelles, ils ne doivent prétendre à cette faveur qu'après dix années consécutives de grade.

Le brigadier qui, après avoir perdu son grade, l'a ensuite recouvré, ne peut compter dix ans de grade que de l'époque de sa réintégration.

Les sous-officiers sortis de l'armée qui se distinguent par leur dévouement et leur instruction, ont toujours, à mérite égal, la préférence sur leurs concurrents pour les emplois de sous-brigadiers et de brigadiers.

Le brigadier ne peut passer *Lieutenant* qu'après deux années au moins d'exercice.

CHAPITRE II.

§ 1.er

Attributions des Préposés.

13. Le préposé, le cavalier et le matelot sont de simples agents d'exécution, et, dès-lors, ils sont irréprochables quand ils font ponctuellement, uniquement et fidèlement le travail qui leur a été commandé.

14. Le sous-brigadier commande une division de la brigade et surveille les préposés en faisant avec eux le service qu'il leur a ordonné lui-même, ou qui a été prescrit par le brigadier auquel il est en tout subordonné : il est responsable de l'exécution du service de la division qu'il commande : il rédige l'état de dizaine qui comprend les heures de travail de chaque préposé.

15. Le brigadier dirige tout le service de la brigade sous la surveillance du lieutenant. Comme le sous-brigadier, il partage le travail de la division avec le préposé qui est de service avec lui, et il répond de l'exécution de son travail, mais, de plus, il doit compte des motifs du service ordonné ou approuvé par lui pour toute la brigade.

16. Les chefs de service, c'est-à-dire le brigadier et le sous-brigadier, doivent :

Commander les préposés avec douceur, mais avec fermeté ; — être avares de punitions ; — relater avec exactitude le travail au registre de Travail, donner lecture de son exécution avant de le faire signer ; — distribuer ce travail de manière que ceux qui y prennent part ne soient pas plus chargés les uns que les autres ; — ne point permettre que les préposés s'absentent du poste, excepté pour aller au marché chercher des vivres, et dans d'autres cas d'une nécessité aussi indispensable ; — n'avoir, à cet égard, aucune préférence, et constater les absences sur le registre de travail ; — ne cacher aucune piste ; — ne se livrer à aucune occupation étrangère à leurs fonctions ; — être exacts à rendre compte au Lieutenant des manques de subordination, et de tout autre défaut des préposés ; — s'occuper à la découverte des abus, et à la répression des contraventions ; — chercher à se procurer des indications pour parvenir à cette répression ; — étudier la marche et les manœuvres des fraudeurs, et, à cet effet, chercher à connaitre parfaitement toute leur penthière ; — transcrire exactement au registre d'ordre les circulaires qui leur sont adressées, en donner la lecture et l'explication aux préposés ; — enfin, exécuter ponctuellement et avec intelligence le travail prescrit, et montrer, dans les attaques, de la hardiesse et du courage, mais jamais d'imprudence.

§ 2.

Prérogatives des Employés.

17. Les employés sont sous la sauve-garde spéciale de la loi ; il est défendu à *toute* personne de les injurier ou maltraiter, et même de les troubler dans l'exercice de leurs fonctions.

Les commandants militaires, les préfets, sous-préfets, maires ou adjoints, sont tenus de leur faire prêter main-forte, à la première réquisition, sous peine de désobéissance. *(Voir les modèles N.os 1 et 2.)*

18. Quand, par suite de rassemblements ou

d'attroupements, un préposé a été pillé, maltraité, ou homicidé, tous les habitants de la commune sont tenus de lui payer, ou, en cas de mort, de payer à sa veuve et à ses enfants, des dommages-intérêts.

19. Les préposés ont, pour l'exercice de leurs fonctions, le port d'armes à feu et autres.

Dans les villes de guerre, ils reçoivent de l'autorité militaire communication du mot de *ralliement*, afin qu'ils puissent, dans l'intérêt de leur surveillance, circuler librement, de jour et de nuit, et sur les remparts et aux abords de ces places. Quand ils veulent pénétrer dans les fortifications, ils doivent être porteurs de leur commission et revêtus de leur uniforme.

20. Les employés, jusqu'au grade de brigadier inclusivement, sont exempts des charges des communes, de la contribution personnelle, et des taxes locales. Ils sont dispensés du service personnel de la garde nationale sédentaire; exempts des frais de casernement des troupes, ils ne peuvent être tenus à aucune fourniture relative à cet objet. (Circ. du 27 Juillet 1804, et lettre de l'administration du 5 Août 1833.)

21. Les préposés devant donner tout leur temps à l'exercice de leurs fonctions, ils ne peuvent être détournés, par l'autorité constituée, du service constamment actif pour le-

quel ils sont commissionnés et salariés par le gouvernement : cependant, ils doivent servir les intérêts de l'Etat toutes les fois qu'ils peuvent le faire sans se distraire des fonctions qui leur sont spécialement confiées.

22. Ils peuvent faire, pour raison des droits de douanes, et pour les affaires contentieuses, tous exploits et autres actes de justice que les huissiers ont accoutumé de faire.

23. En raison de leur embrigadement et des différents services auxquels ils sont appelés, ils font nécessairement partie de la force armée.

24. Les procès-verbaux qu'ils rédigent font foi jusqu'à inscription de faux : ils ne doivent être cités pour témoigner des faits constatés par leurs rapports, que lorsqu'il n'y aurait absolument aucun autre moyen d'obtenir les éclaircissements dont les tribunaux auraient besoin.

25. Ils ne peuvent être poursuivis, pour des faits relatifs à leurs fonctions, qu'en vertu d'une décision du conseil d'Etat : cependant les directeurs peuvent autoriser leur mise en jugement.

26. Il est alloué une prime ou gratification :

1° Quand les préposés saisissent plus de dix mètres de tissus, soit en longueur, soit en carré, pourvu que la valeur ne soit pas au-dessous de 7 fr. 50 c. (C'est le chiffre du minimum de la prime accordée, augmenté de la plus-value de la marchandise sur le territoire français.)

2° Quand cette même marchandise, toujours s'il s'agit de tissus ou d'étoffes, mesure seulement 10 mètres ou moins, soit en longueur, soit en carré, pourvu que la valeur en France soit d'au moins 45 fr. (C'est le chiffre du maximum de la prime, accru comme il vient d'être dit au paragraphe précédent.)

3° Quand cette même marchandise, si elle consiste en d'autres articles que des tissus ou étoffes, pèse plus de 5 kilogr., *quelle que soit sa valeur.*

4° Quand cette même marchandise calculée au poids, bien que ne pesant que 5 kilogr., ou moins, a pourtant en France une valeur qui n'est pas inférieure à 45 fr.

5° Dans le cas de saisie d'articles d'horlogerie et de bijouterie, d'aiguilles ou d'autres produits qui, sous un poids restreint, peuvent avoir une certaine valeur, la prime peut également être allouée, lorsque la quotité du droit d'entrée sur les objets repris au procès-verbal, atteint au moins, en principal et décime, le chiffre de 7 fr. 50 c.

La valeur à arbitrer des objets, lorsqu'il y a lieu de recourir à cette appréciation, est fixée de concert avec le capitaine et le receveur de la localité, contrôlée et certifiée par l'inspecteur, et soumise par le directeur à l'examen et à la ratification de l'administration.

(*Nota.*) La destruction ou la spoliation, dans l'attaque, par les fraudeurs, des objets dont l'introduction était tentée, n'empêche pas la prime d'être acquise aux saisissans, etc. (Circulaire du 12 juin 1844, n° 2023.)

S'ils capturent des porteurs de poudre ou de tabac, il leur est alloué une prime de 15 fr. par chaque individu. — Ils reçoivent une gratification de 25 fr. s'ils arrêtent un déserteur. — La saisie qu'ils font d'une personne en vertu d'un mandat d'arrêt, donne lieu, à leur profit, à une gratification de 12 fr. — Enfin, dans quelques directions, il leur est alloué une prime de 3 fr., quand ils prennent ou abattent un chien chargé de fraude.

27. Ils peuvent s'absenter de leur poste au moyen d'un congé : quand ce congé n'excède pas neuf jours, il n'entraine aucune perte d'appointements.

Tout employé, jusqu'au grade de brigadier inclusivement, auquel les eaux thermales sont ordonnées, conserve la jouissance entière de ses appointements pendant la durée de son séjour aux eaux, et pendant le temps jugé nécessaire pour s'y rendre et pour en revenir. La durée du séjour aux eaux doit être attestée par des certificats authentiques qui sont produits à l'appui des états mensuels des congés. — Il en est de même pour celui qui se fait transporter dans un hôpital pour cause de maladie.

28. Tous les employés portent un uniforme. — Ils sont organisés militairement. A partir

de leur mise en activité, les lois et réglements qui régissent l'armée leur sont applicables, mais ils sont libres de quitter le service en donnant leur démission. — Ils ont droit à une retraite qui est reversible sur leurs veuves s'ils ont compté 25 ans de services civils, ou s'ils sont morts dans une attaque, ou s'ils ont contracté de graves infirmités dans l'exercice de leurs fonctions.

Dans certains endroits, les préposés sont casernés. — Partout un service de santé est organisé en leur faveur, — et, pour subvenir à leurs frais d'équipement, on fait, sur leurs traitements, des retenues mensuelles qui sont versées à la masse commune.

Il est établi des conseils d'enquête en faveur de ceux qui ont commis des fautes de nature à entraîner la révocation ou la dégradation. Aussi tout chef divisionnaire appelé à émettre son opinion sur une de ces fautes, ne doit le faire qu'après avoir procédé à une information préalable sur les lieux, et après avoir entendu l'employé contre lequel une plainte a été portée.

Toute demande de dégradation ou de révocation doit faire l'objet d'un rapport écrit, dressé par le chef immédiat de l'employé inculpé. Ce rapport appuyé des interrogatoires qui doivent être rédigés par écrit, et de l'avis motivé des chefs intermédiaires, est transmis à l'inspecteur, qui le fait parvenir au directeur, en y ajoutant ses observations et ses conclusions. Mis ensuite en demeure de statuer, le directeur provoque de nouvelles explications si sa religion n'est pas suffisamment éclairée, et, s'il prononce la dégradation ou la révocation, sa décision doit en rappeler assez explicitement les motifs, pour que, au moyen d'une ampliation qui lui en est remise, à titre de notification, l'agent qu'elle concerne soit bien fixé sur la cause de la mesure de sévérité dont il est l'objet. Cet agent a le droit de recourir à l'administration, qui prescrit, s'il y a lieu, un supplément d'information, et rend, comme conseil de révision, un jugement définitif.

§ 3.

Obligations des Employés.

29. Avant d'entrer en exercice, tous les employés doivent prêter serment de remplir avec exactitude et probité les fonctions qui leur sont confiées. Cette prestation de serment est soumise à un droit d'enregistrement de trois francs : elle est valable pour tout le temps où l'employé reste en exercice, même lors qu'après un surnumérariat il passe dans les bureaux.

Il leur est défendu, sous peine de la dégradation civique, de recevoir toute récompense, gratification ou présent, qui leur serait offert dans le but de les détourner de remplir leurs fonctions avec loyauté : sous la même peine, il leur est également défendu d'agréer des offres ou promesses, ou de recevoir des dons ou présents pour faire un acte de leurs fonctions, même juste, mais non sujet à salaire.

Sous la peine des fers, il leur est interdit de faire ou de favoriser la contrebande.

30. Les préposés doivent toujours être porteurs de leur commission : ils sont tenus de l'exhiber à la première réquisition qui leur est faite.

31. Tout employé révoqué est tenu de rendre sa commission et ses armes à son capitaine. Il doit retourner dans le domicile qu'il avait dans le rayon avant d'entrer au service, ou quitter ce même rayon pendant cinq années, et cela sous peine d'être traduit devant les tribunaux et placé sous la surveillance de la haute police.

32. Dans leurs moments de loisir, ils doivent chercher à s'instruire en lisant les instructions, en prenant des notes, et en s'appliquant à bien rédiger un rapport.

Avant tout, ils doivent être subordonnés et discrets ; leur conduite doit toujours être régulière.

Je ne saurais trop leur recommander d'apporter, dans leurs relations avec le public, beaucoup de douceur et de modération.

Comme tout leur temps appartient à l'administration, ils ne peuvent l'employer à des occupations étrangères au service ; ils doivent dès-lors éviter les jeux publics et les cabarets, et ne se livrer à aucun acte de chasse ou de commerce.

Ceux qui ont le désir de bien faire, se tiennent dans leurs logements ou ne s'en s'écartent jamais. Ils sont, ainsi, toujours prêts à exécuter les ordres qu'ils doivent recevoir à domicile, et réparent, par un sage repos, les forces qu'ils ont perdues sur le terrain.

Quand, n'étant pas de service, les préposés sortent de leur logement pour aller à l'ordre, ils doivent être propres, porter des bas ou des guêtres, et avoir la barbe fraîchement coupée.

S'ils accompagnent un chef en tournée, ils doivent prendre la tenue de ce chef. S'ils se rendent à la résidence du capitaine ou de l'inspecteur, ils doivent être en uniforme et se présenter devant ces chefs pour recevoir leurs ordres.

33. Aucun employé ne peut s'absenter de sa résidence pour une cause étrangère au service dont il est chargé, ni interrompre l'exercice de ses fonctions, pour quelque motif que ce soit, s'il n'en a reçu préalablement l'autorisation ; et ce, sous peine d'être réputé démissionnaire, et, comme tel, rayé des cadres, ou privé de son traitement pour un temps dou-

ble de celui pendant lequel il se sera absenté. — Il peut arriver cependant qu'un préposé tombe malade dans le cours de l'exécution de son service, et soit obligé de quitter l'observation ou l'embuscade; dans ce cas, l'homme qui l'accompagne devrait le reconduire à sa résidence, et prévenir de suite le chef de poste qui aviserait au moyen d'assurer le service.

34. Les préposés qui ont contracté des dettes sont tenus de les acquitter. Ils se libèrent de deux manières: ou bénévolement, ou forcément. Dans le premier cas, ils consentent des retenues qui sont faites par les capitaines sur leurs traitements et leurs parts de saisies; dans le second cas, leur traitement seul est saisissable jusqu'à concurrence du cinquième, et ce jusqu'à l'entier acquittement des créances. — Quand ils quittent l'administration, leurs parts de saisies ou de primes, l'actif de leur masse, peuvent, comme leur traitement, être appliqués à l'extinction de ces dettes.

35. Quand les préposés obtiennent des avis, ils sont tenus de faire connaître le nom des indicateurs au capitaine ou à l'inspecteur.

36. Ils ne doivent jamais exercer envers les personnes des violences ni des voies de fait sans motif légitime; mais dès qu'ils sont attaqués, ils sont en droit de repousser la force par la force.

Dans les dangers de la patrie et aux signaux d'alarme, ils sont tenus de se rendre sur-le-champ chez leur brigadier pour y attendre ses ordres, ou ceux émanés des chefs.

37. Ils doivent se garder de commettre des abus d'autorité contre les particuliers, en s'introduisant dans leur domicile, — soit contre leur gré, — soit à l'aide de menaces ou de violences, — soit enfin hors les cas prévus par la loi et sans les formalités qu'elle a prescrites.

38. Les préposés concourent non-seulement à la répression des délits de douanes, mais ils doivent encore réprimer les contraventions et les délits dont la poursuite appartient plus spécialement à d'autres administrations et qui concernent: les boissons; — les cartes à jouer; — les armes de guerre; — les tabacs de la régie; — les lettres et journaux; — les naufrages; — et la police sanitaire.

Ils concourent également à l'arrestation des déserteurs, des brigands et autres individus frappés de mandats d'arrêts.

Ils conduisent devant les autorités locales les individus frappés de mandats d'arrêts; — ceux qui, soumis à la formalité du passeport, n'en sont pas munis; — et ceux qui débarquent furtivement sur les côtes sans y être contraints par des circonstances de force majeure.

Ils arrêtent encore et constituent prisonniers; ceux qui font partie des attroupements dont le but est le pillage des bureaux; — ceux qui font acte de rébellion et se portent à des voies de fait graves ; — ceux qui ont falsifié des expéditions de douanes ; — ceux qui colportent des cartes à jouer, des poudres et salpêtres, des tabacs de la régie, des armes de guerre ou défendues ; — et tous les individus qui importent frauduleusement des marchandises prohibées ou taxées à plus de 20 francs par 100 kil. (Voir le n° 60.)

Dans tous les autres cas, ils doivent respecter la liberté individuelle.

CHAPITRE III.

§ 1.er

DU SERVICE DE JOUR ET DU SERVICE DE NUIT.

(Observation et Embuscade.)

59. Le service des brigades doit être dirigé vers le seul but d'empêcher la contrebande.

On ne peut donner des règles fixes et positives pour l'exécution de ce service ; son application varie suivant les localités. Dans les unes, le travail doit consister presque uniquement en observations et patrouilles continues et liées ; dans d'autres, le service secret d'embuscade peut prévaloir sur les observations ; dans toutes, le service de nuit doit avoir d'autres combinaisons que le travail exécuté de jour.

On peut considérer comme règle générale que le travail journalier des brigades doit être ordonné dans chaque poste pour 24 heures et exécuté par la moitié de la brigade, dont deux sections alternent ainsi chaque deux jours. Ce service doit d'ailleurs être inscrit par le brigadier ou le sous-brigadier sur le registre de Travail, avant son exécution, et signé, au retour, par les préposés qui y ont pris part, après que le chef de service a noté sur le registre ses résultats, qui sont: la découverte des pistes par suite des rebats; — les attaques des fraudeurs; — les saisies; — les tournées des chefs; — et les différents évènements qui peuvent avoir lieu.

Il arrive cependant que cette distribution ordinaire du travail doit être changée. Pendant les grands froids de l'hiver et les mauvais temps, les préposés ne pourraient tenir 24 heures consécutives en service; il est nécessaire de les relever souvent. Il est des localités découvertes et prêtant peu à la fraude, où le service de jour n'exige pas la moitié de la brigade, tandis que le travail de nuit demande un plus grand nombre de préposés. Toutes ces circonstances réclament la plus grande attention des chefs locaux.

40. La science du service actif consiste à bien connaitre le terrain et à étudier la marche de la fraude. Le départ des hommes, leur rentrée, leurs rendez-vous sur le terrain, doivent être variés à l'infini: il en est de même

des marches, des contre-marches, des fausses positions, des embuscades, des rebats, des contre-rebats, et des observations. En changeant très-souvent la combinaison de ces différents services, on parvient à tromper le fraudeur et même à le décourager entièrement.

Les préposés ne doivent recevoir l'ordre de service que sur le terrain, et à une distance assez éloignée du poste.

Pour ne point donner d'éveil à la fraude, toute trace d'embuscade ou d'observation doit être détruite.

41. Pour rendre plus efficace la police des douanes dans le rayon, l'administration a établi des brigades ambulantes à pied et à cheval. Le travail de ces brigades est généralement indépendant des lieutenants; il est dirigé immédiatement par les capitaines, ou même par les Sous-inspecteurs ou Inspecteurs, selon qu'elles se trouvent à portée de ces différents chefs. Elles servent ainsi à multiplier les moyens de surveillance sur les brigades de ligne dont elles éclairent continuellement le service; elles ont de plus l'avantage d'être toujours prêtes à renforcer, au besoin, les points spécialement menacés par la fraude, sans affaiblir la garde d'aucun; et, enfin, la variété de leur service et leur activité continuelle inquiètent et déconcertent, plus que toute autre chose, le contrebandier, qui ne peut jamais combiner

sa marche de manière à être sûr d'échapper au service des brigades intermédiaires lorsqu'il est bien ordonné et fidèlement exécuté.

§ 2.

DU REBAT, DU CONTRE-REBAT ET DES PISTES.

42. Le rebat et le contre-rebat sont le contrôle du service de nuit.

Presque toujours la découverte d'une piste a des résultats intéressants, soit qu'elle conduise au lieu où la fraude a été déposée, soit qu'elle serve à faire connaître les employés qui ont favorisé le passage par infidélité ou par négligence.

43. Chaque matin, à la pointe du jour, un ou deux préposés, désignés à cet effet par le chef de chaque brigade, doivent en parcourir la penthière dans toute sa longueur, afin de vérifier si elle n'a été traversée la nuit dans aucun point par des bandes de fraudeurs : voilà le rebat. Le contre-rebat se fait par les chefs de poste qui vont eux-mêmes rechercher les pistes sur tout le front de chaque penthière, et s'assurer ainsi de l'exactitude des rebats.

Le devoir des rebatteurs, aussitôt qu'ils découvrent des traces du passage d'une bande, est, s'ils n'ont pas leur brigadier avec eux, et qu'ils ne soient de lui qu'à une petite distance, de l'en informer en toute hâte. Celui-ci doit, sans perte de temps, suivre la piste avec le nombre de préposés nécessaire et prendre des dispositions pour la faire remonter, c'est-à-dire la faire suivre en sens inverse, pour parvenir au point de départ des fraudeurs sur la ligne.

Si des traces découvertes en première ligne indiquent une introduction, la piste conduira sans doute les rebatteurs à portée d'une piste intermédiaire. Alors ils en informeront le brigadier de ce poste, la lui feront reconnaître, et celui-ci devra la suivre jusqu'en seconde ligne, où il la signalera également au chef de poste sur la penthière duquel la bande aura passé; enfin, celui-ci la reprendra et la suivra jusqu'à l'extrémité de sa penthière et jusqu'à ce qu'il la perde. Quand bien même une piste se perdrait sur une penthière, il ne faudrait pas moins qu'elle fût signalée à la brigade suivante, pour qu'elle continuât les recherches.

Le brigadier de première ligne, de retour sur sa penthière, doit prendre connaissance du résultat des recherches que les préposés ont faites après son départ, en remontant la piste jusqu'à l'extrême frontière, et en vérifier l'exactitude.

Si les rebatteurs qui découvrent la piste n'ont pas avec eux le brigadier, ou qu'ils soient éloignés de sa demeure, et plus rapprochés de celle d'un chef de brigade intermédiaire, ils doivent suivre eux-mêmes la piste et aller en informer ce dernier chef, à la charge de rentrer immédiatement à leur poste, et de faire leur rapport à leur brigadier.

L'essentiel est de suivre les pistes avec toute la célérité possible, non-seulement pour empêcher qu'elles ne se perdent par suite du retard, mais pour tâcher d'atteindre la fraude dont elles attestent le passage tout récent.

Qu'il s'agisse d'introduction ou d'exportation, il faut que tout le terrain que la bande a parcouru, et qui est indiqué par la piste, soit parfaitement reconnu, afin de découvrir les entrepôts frauduleux, et de vérifier pourquoi les points par où cette bande s'est dirigée, n'étaient pas gardés, et, dans le cas contraire, pourquoi elle n'a pas été attaquée.

44. Dès qu'une piste est reconnue, le brigadier doit en rendre compte à son lieutenant et à son capitaine, au moyen d'un rapport dont le modèle est imprimé. Il doit s'appliquer à indiquer, dans ce rapport, les suites données à la découverte, en peu de mots, mais clairement, afin de bien faire connaître tout ce qui a été fait par lui et sa brigade, soit lors de l'attaque d'une bande, soit par suite de cette attaque, ou de la découverte d'une piste, et les noms des chefs de poste auxquels la bande ou la piste a été signalée pour la continuation des recherches.

45. A l'appui du rapport dont je viens de parler, les brigadiers doivent donner à leur capitaine les renseignements suivants :

A quelle heure la piste a-t-elle été reconnue? Sur quelle partie de la penthière? Par qui? De combien de pas était-elle composée?

Par qui et par où a-t-elle été remontée ?

Par qui a-t-elle été poursuivie? Jusque où? Sous la direction de quel chef?

Par suite de la découverte de la piste, a-t-on fait des visites domiciliaires? Quels motifs ont amenés ces visites? Chez qui ont-elles été faites? De quelle autorité était-on assisté?

Des hommes ont-ils été laissés en surveillance? Sur quel point et combien de temps?

Les marchandises ont-elles pénétré? Ont-elles été contenues dans le rayon? Combien de temps? De quelle nature étaient-elles?

La bande était-elle précédée d'espions? Qui en était le chef? Où se dirigeait-elle?

A quelle distance des embuscades la piste a-t-elle été reconnue? Quels employés tenaient ces embuscades? Sont-ils répréhensibles?

Y a-t-il eu attaque?

A quelle heure a eu lieu cette attaque? A quel endroit? A-t-elle été faite avec adresse et avec succès?

Quels sont la nature, le poids ou le nombre des objets saisis?

De combien de fraudeurs était composée la bande? Combien ont été arrêtés? Ces fraudeurs sont-ils en récidive? Quelles sont leurs habitudes et leur moralité?

Quel est le nombre des charges échappées à l'attaque? Quel est leur contenu présumé? Où étaient-elles conduites?

L'affaire est-elle le résultat des bonnes dispositions du service? Est-elle due à un avis direct ou indirect?

Tous ces renseignements, applicables aussi bien aux saisies qu'aux pistes, doivent être pris avec la plus scrupuleuse exactitude: il faut se garder d'accueillir à la légère ceux qui ne paraîtraient pas fondés.

46. En cas de piste, le lieutenant doit se rendre sur les lieux, et réunir, selon la force probable de la bande, le nombre de préposés jugé nécessaire pour faire face aux événements. Un rendez-vous doit lui être assigné par le brigadier qui y laissera un ou deux hommes, pour le mettre de suite sur la voie de ceux qui poursuivent la piste.

La persévérance dans les recherches, pouvant amener de bons résultats, il faut les pousser aussi avant que possible.

47. Chaque événement doit être constaté au registre spécial. (Voir le n° 74.)

CHAPITRE IV.

§ 1.er

DES VISITES A CORPS.

48. Les visites à corps, dont l'établissement

est aussi ancien que la douane, ont leur sanction légale, — et dans la loi générale qui impose aux préposés le devoir de s'assurer qu'aucune marchandise ne pénètre clandestinement sur le territoire de la République, — et dans la loi de finance qui, tous les ans, alloue un fonds de subvention pour la rénumération des femmes visiteuses.

Les employés doivent user du droit de visite avec toute la réserve et la circonspection nécessaires pour éviter des plaintes fondées. En général, on ne doit soumettre les voyageurs à cette visite, qu'autant qu'on y est amené par quelques renseignements, ou par quelques soupçons que les apparences peuvent donner.

C'est au bureau même, ou dans ses dépendances, que les visites doivent être faites, à moins qu'il n'y ait consentement du voyageur qu'elles soient faites ailleurs pour éviter des retards.

Si le voyageur se refuse à la visite, on verbalise contre lui par application de l'article 2, tit. 4 de la loi du 4 germinal an 2, pour cause d'opposition à l'exercice des fonctions. *(N° 73.)*

Les femmes ne peuvent être visitées que par des personnes de leur sexe.

Des marchandises trouvées en cours de transport avec une expédition régulière, peuvent être visitées sur les lieux mêmes, s'il y a consentement de la part du voiturier. Dans le cas contraire, elles doivent être conduites au plus prochain bureau, sauf dommages-intérêts envers le conducteur, si ce bureau n'est pas sur la route, et s'il n'y a ni fraude, ni contravention.

§ 2.

Des Saisies de Campagne.

49. Les saisies que les préposés sont appelés à constater en campagne, sont :

Les saisies à la *circulation ;*

Les saisies à l'*exportation ;*

Et les saisies à l'*importation.*

La saisie n'est régulièrement opérée qu'autant qu'elle a été accompagnée des formalités suivantes :

1° Déclaration au prévenu de la saisie qui est faite à son préjudice ;

2° Indication de la cause de cette saisie ;

3° Sommation à la partie d'assister à la description des objets, laquelle sera faite au bureau des douanes le plus prochain ;

4° Offre de main-levée, sous caution solvable, ou en en consignant la valeur, des moyens de transport, et cela, quand il ne s'agit pas de marchandises prohibées ;

5° Et, en cas de saisie du ressort du tribunal de paix (voir les n°s 56 et 61), citation à comparaitre, dans les 24 heures, devant le juge-de-paix du canton.

— Quand ces formalités sont remplies, les préposés se retirent au bureau le plus prochain, avec les marchandises, et, quand il y a lieu, avec les prévenus et les moyens de transport (voir les nos 54-56-60), et le rece veur rédige leur procès-verbal.

— La distance du lieu de la saisie au plus prochain bureau, est mesurée par le plus ou le moins de temps qu'il faut pour s'y rendre. Ainsi le bureau où il y a impossibilité de conduire les marchandises, ne peut jamais être considéré comme le plus prochain. — Quand les saisissants seront dans le cas de conduire les objets capturés dans un autre bureau que celui qui est le plus prochain, ils doivent en faire connaître les motifs dans leur rapport. — Si, tout en opérant une saisie, les préposés étaient injuriés, ou éprouvaient une opposition quelconque à l'exercice de leurs fonctions, ils devraient prendre acte de ce double délit, et le constater en même temps que le fait de contrebande. (Voir le n° 7 des modèles.)

Saisies a la Circulation.

50. Par *circulation*, on entend le transport de marchandises qui se fait entre le premier bureau d'entrée dans le rayon depuis l'intérieur, et le dernier bureau de sortie pour aller à l'étranger, *et vice versa*.

51. Le transport des *poissons*, *pain*, *vin*, *cidre* ou *poiré*, *bière*, *viande fraiche* ou *salée*, *volaille*, *gibier*, *fruits*, *légumes*, *laitage*, *beurre*, *fromage*, lorsqu'ils ne font pas route vers

l'étranger, et, dans tous les cas, lorsqu'ils sont transportés, aux jours de foire et de marché, dans les villes de la frontière, peut s'effectuer librement et sans expédition.

Les *bœufs* et *vaches* peuvent également circuler sans expédition dans les deux kilomètres et demi des frontières, mais ils doivent être inscrits au compte-ouvert du détenteur *qui les conduit.*

La circulation des *chevaux, mules* et *mulets*, dans la zône, c'est-à-dire dans la portion de territoire située entre le bureau de première ligne et l'étranger, doit être assurée par un acquit-à-caution ou une consignation : en deçà de cette zône, elle est libre.

Toutes les autres marchandises trouvées dans le rayon des douanes, doivent être accompagnées, soit d'un passavant, — soit d'un acquit de paiement, — soit d'un acquit-à-caution, — soit, enfin, d'un certificat d'origine en due forme.

52. Il faut bien faire attention que la circulation des marchandises prohibées à l'entrée ou payant 20 fr. et plus les 100 kilog., quand elle n'est pas légalement autorisée, constitue une véritable importation, et qu'elle est punie comme telle. (Voir le n° 60.)

53. Les expéditions sont nulles et donnent lieu à la saisie : — quand les *délais* y portés *sont périmés ;* — quand elles ne sont pas *visées* dans les lieux indiqués ; — quand les marchandises représentées ne sont pas *identiquement les mêmes* que celles décrites aux expéditions ; — quand il y a *défaut d'identité* entre la qualité, le poids ou la mesure des objets énoncés, et la qualité, le poids ou la mesure des objets transportés.

Il y a également lieu à saisir — quand les marchandises circulent *sans expédition*, lorsqu'elle est nécessaire, — ou *de nuit*, si l'expédition n'en porte la permission expresse ; — et quand elles *s'écartent de la route* tracée par l'expédition.

54. En cas de circulation illicite, les peines encourues sont les suivantes :

1° Confiscation pure et simple des marchandises ;

2° Et amende de cent francs. *(Loi du 22 août 1791, tit. 3. art. 15 et 16, et arrêté du 22 thermidor an 10, art. 7 et 8.) (Compétence du juge-de-paix; rédaction à la requête de la Douane.)*

Cette règle générale souffre les exceptions ci-après pour les marchandises que voici : Boissons ; — poudres à feu ; — cartes à jouer ; — tabacs de la régie ; — armes de guerre ou défendues ; — lettres, journaux, papiers ou paquets du poids d'un kilog. et au-dessous ; — drilles ou chiffons ; — et sels français.

Outre la confiscation, les peines sont, savoir:

Pour les *boissons :* — Retenue des moyens de

transport, comme garantie de l'amende à défaut de caution, — et amende de 100 fr. à 600 fr. suivant la gravité des cas. *(Loi du 28 avril 1816, art. 17 et 19.) (Compétence du tribunal correctionnel et rédaction à la requête de la régie.)*

Pour les *poudres et salpêtres :* — Emprisonnement, — amende de 20 fr. 44 c. par kilog. de poudre, — et saisie des moyens de transport. *(Loi du 13 fructidor an 5, art. 30.) (Même compétence et même requête.)*

Pour les *cartes à jouer :* — Amende de 1000 à 3000 fr., — et emprisonnement d'un mois. *(Loi du 28 avril 1816, art. 166.) (Même compétence et même requête.)*

Pour les *tabacs indigènes :* — Saisie des moyens de transport ; — amende de 300 à 1000 fr., avec arrestation du contrevenant. *(Loi du 28 avril 1816, art. 222 et 224.) (Même compétence et même requête.)*

Pour les *armes de guerre ou défendues :* — Amende de 16 fr. à 200 fr., — et emprisonnement de 6 jours à 6 mois. *(Loi du 24 mai 1834, art. 1.er) (Même compétence et requête du Procureur de la République.)*

Pour les *lettres, journaux, etc. :* — Amende de 150 fr. à 500 fr. Les lettres, etc., sont remises à l'administration des postes. *(Arrêté du 27 prairial an 9, art. 1 et 5.) (Même compétence et requête de l'administration des postes.)*

Pour les *drilles et chiffons :* — Saisie des

moyens de transport, — avec amende de 500 fr. (*Décrets des 3 avril 1793, art. 1.er et 3 août 1793, art. 3.*) (*Compétence du tribunal de paix et requête de la douane.*)

Enfin, pour les *sels indigènes* : — Saisie des moyens de transport, — avec amende de 500 fr. à 5000 fr. (*Loi du 7 juin 1840, art. 10, et ordonnance du 26 juin 1841, art. 19.*) (*Compétence du tribunal correctionnel, et requête de la douane ou de la régie.*)

Saisies a l'Exportation.

55. Il y a *exportation* toutes les fois que le bureau frontière est dépassé, c'est-à-dire toutes les fois que les marchandises, faisant route vers l'étranger, sont rencontrées entre ce bureau et l'extrême frontière.

56. Au-delà du dernier bureau de sortie, — tout chemin oblique, — tout transport rétrograde, — tout emmagasinage après la levée d'une expédition, — enfin, toute circulation vers l'étranger non autorisée, constituent une exportation illicite, et donnent lieu à la saisie de la marchandise avec amende de 200 fr. seulement, quand cette marchandise *n'est pas prohibée à la sortie.* (*Loi du 4 germinal an 2, art. 4 du titre 3.* (*Compétence du juge-de-paix.*)

S'il y a *prohibition*, le délit entraîne non-seulement la saisie de la marchandise, mais encore l'amende de 500 fr., et la confiscation des voitures, chevaux et équipage servant au transport. *(Loi du 22 août 1791, titre 3, art. 1 et 3.) (Même compétence.)*

Cette règle ne souffre d'exception que pour les — écorces à tan; — cartes à jouer; — armes de guerre ou défendues; — lettres et journaux; — tabacs et sels indigènes.

L'exportation des *écorces à tan* est punie de — la confiscation des écorces et des moyens de transport, — avec amende de 300 fr. *(Décret du 16 nivôse an 2.) (Compétence du juge-de-paix.)*

L'exportation des *cartes à jouer*, des *armes de guerre*, des *lettres et journaux*, des *tabacs et des sels de la régie*, est punie comme leur circulation. *(Voir le* n° 34.)

37. Voici le tableau des marchandises prohibées à la sortie :

Armes de guerre et défendues; — bois à brûler; — cartes à jouer; — cartons; — charbons de bois et de chenevottes; — drilles et chiffons; — écorces à tan; — livres contrefaits; — minerai de fer; — munitions de guerre autres que capsules; — oreillons, autres que rognures; — pâte de papier; — perches en bois commun; — et poudres et salpêtres.

Saisies a l'Importation.

38. L'*Importation en fraude* est caractérisée toutes les fois que les marchandises venant de

l'étranger — ne sont pas conduites directement au premier bureau d'entrée de la frontière ; — lorsqu'elles ont dépassé ce bureau sans permis ; — ou lorsqu'avant d'y avoir été conduites, elles sont introduites dans quelque maison ou auberge ; — enfin, quand, rencontrées *dans le rayon*, celles qui sont prohibées à l'entrée ou tarifées à 20 fr. et plus par 100 kilog., sont dépourvues de l'expédition qui était nécessaire pour légitimer leur transport.

Les préposés de service sur les routes conduisant directement de l'étranger au premier bureau d'entrée, ne sont pas autorisés à visiter les individus trouvés sur ces routes, de jour ou de nuit, et qui se déclarent porteurs de marchandises ; mais ils doivent s'assurer que ces individus se rendent réellement au bureau.

59. Les saisies opérées à l'importation portent, — ou sur des denrées payant moins de 20 fr. par 100 kilog., sur des chevaux ou des bestiaux ; — ou sur des marchandises dont l'entrée est prohibée ou soumise à des droits de consommation s'élevant à 20 fr. et au-dessus pour 100 kilog., — ou, enfin, sur des objets soumis à un régime spécial.

Dans le 1er cas (n° 61), la marchandise est confisquée purement et simplement, avec amende de 200 fr. *(Loi du 4 germinal an 2, tit. 3, art 4.) (Compétence du juge-de-paix.)* Mais on doit la voir venir de l'étranger, ou, tout au moins l'arrêter, sur des chemins détournés, au moment où elle vient de franchir, ou même encore un peu plus avant dans la ligne, pourvu, toutefois, que la trace puisse être remontée jusqu'à la limite; autrement il n'y aurait plus importation, mais bien circulation illicite.

Dans le second cas (n° 60), quelles que soient la route tenue par les fraudeurs et leur distance de l'étranger, les peines encourues sont : — la confiscation de l'objet de contrebande et des moyens de transport, s'il y en a ; — le paiement d'une amende de 500 fr., si la valeur de l'objet saisi ne dépasse pas cette somme, et, dans le cas contraire, d'une amende égale à la valeur de cet objet; — et l'arrestation immédiate des contrevenants qui sont condamnés à un emprisonnement qui varie de trois jours à 6 mois, selon qu'ils sont seuls ou en bande. *(Loi du 28 avril 1816, art. 38, 41 et 43.) (Compétence du tribunal correctionnel.)*

Enfin, dans le troisième cas, les pénalités sont réglées ainsi qu'il suit :

1° S'il s'agit d'une importation de *poudres* ou *de salpêtres*, le prévenu est arrêté et condamné, outre la confiscation des marchandises et des moyens de transport, à une amende de 20 fr. 44 c. par kilog. de poudres ou de salpêtres ; *(Loi du 13 fructidor an 5, art. 21 et 30.) (Compétence du tribunal correctionnel.)*

2° S'il s'agit d'une importation frauduleuse

d'*armes de guerre ou défendues* ou de *cartes à jouer*, les prévenus sont arrêtés et condamnés comme pour le cas de *circulation*.

3° Il en est de même des *lettres, journaux* et *paquets*.

60. Les principales marchandises dont l'importation frauduleuse entraine l'*arrestation immédiate* des prévenus et la *confiscation des moyens de transport*, sont les suivantes :

Acides. Acier. Ambre gris. Amidon. Argent battu, laminé ou filé. Argentan. Armes de toute espèce. Bijouterie d'or et d'argent. Bimbeloterie (ou joujoux d'enfants). Bleu de Prusse. Bois d'ébénisterie (acajou, buis, ébène et gaiac). Bois de teinture moulus. Bois odorants. Bombons. Bonneterie de toute espèce. Bougies. Boules de bleu. Cacao. Cachou. Café. Camphre. Cannelle. Caout-chouc (ou gomme élastique). Caractères d'imprimerie. Carmine. Cartes à jouer. Cartes géographiques. Carton. Cendres bleues ou vertes. Champignons. Chandelles. Chicorée moulue. Chocolat. Cire ouvrée. Cochenille. Colle forte. Confitures. Cordages. Cornes de bétail préparées. Couleurs. Coutellerie. Cuivre pur, allié, doré ou argenté. Ecailles de tortue. Ecorces médicinales. Encre à écrire ou à dessiner. Epices préparées. Eponges. Etain. Fer. Fonte moulée. Fonte brute, en masses de moins de 15 kilog. Feuilles médicinales. Feutres. Fils, autres que ceux d'étoupes. Garance moulue. Graisse de cheval et d'ours et dégras de peaux. Gravures et lithographies. Horlogerie montée. Houblon. Huiles de toute sorte, à l'exception de l'huile de coco et de palme. Instruments aratoires. Indigo. Indique. Joncs odorants. Jus de réglisse. Laines teintes, blanches ou peignées. Liége ouvré. Limes et râpes. Livres en langue française (contrefaçon). Machines et mécaniques. Marbre sculpté, moulé ou poli. Médicaments composés. Mélasses. Mercerie. Miel. Morilles et mousserons. Musc. Muscades. Musique gravée. Nattes (ou tresses de bois blanc, d'écorces et de paille fine). Noir d'ivoire. Opium. Or battu, en feuilles, brut, filé. Orfèvrerie. Orseille. Outils de toute espèce. Outremer. Ouvrages en bois (boites de bois blancs et sabots peints et vernis). Ouvrages en caout-chouc. Ouvrages en cuir et en peau (à l'exception des outres vides et de la sellerie grossière). Papier de toute sorte. Parfumerie de toute sorte. Pâtes d'Italie. Peaux préparées et tannées (autres que celles d'agneau et de chevreau, et le parchemin brut). Pierres gemmes. Piment. Pistolets de poche. Plaques de tout genre. Plomb. Plumes. Poils de porc et de sanglier en bottes. Poivre. Poterie en fayence et en porcelaine. Poudre à feu. Produits chimiques. Projectils de guerre. Racines médicinales (autres que la racine de réglisse). Rapures d'ivoire. Résineux exotiques. Rubannerie de toute sorte. Safran. Savons de toute sorte. Scies. Sellerie (autre que la commune). Sel de marais ou de salines. Sirops. Soies. Sucre de toute espèce. Tabac. Tabletterie. Thé. Tissus de toute sorte. Truffes. Vanille. Vannerie en végétal pelé et coupé. Vermeil. Vernis. Verres et cristaux (à l'exception des grands miroirs, des verres à lunettes ou à cadran, bruts, des bouteilles pleines et du groisil (ou verre cassé). Viandes salées. Voitures à ressorts, garnies, peintes. Zinc laminé et ouvré.

61. Voici la nomenclature des denrées et marchandises — dont la saisie est prononcée purement et simplement, c'est-à-dire sans arrestation des fraudeurs, ni confiscation des moyens de transport, — et dont la connaissance appartient au juge-de-paix.

Agaric. Animaux vivants. Beurre, laitage et fromage. Bitumes. Bois à construire et autres. Bois de teinture en bûches. Boissons. Bruyères. Chapeaux en feutre et en paille. Chanvre et lin. Cornes de bétail brutes. Fleur d'oranger et de lavande. Fruits de table, frais. Fruits et graines oléagineuses et à ensemencer. Garance en racines. Grains, farines et fourrages. Graisses d'animaux (celles de cheval et d'ours exceptées). Goudron. Groisil. Gruaux. Houille. Instruments de musique, d'optique et de chirurgie. Légumes verts et secs. Liége brut. Matériaux. Meules à aiguiser et à moudre. Millet. Miroirs, grands. Objets de collection hors de commerce. Os et sabots de bétail. Outres vides. Ouvrages en bois, autres que les sabots peints et vernis et les boites de bois blanc. Pain et pain d'épices. Parapluies et parasols. Parchemin brut. Peaux brutes. Peaux préparées et tannées d'agneaux et de chevreau seulement. Pelleteries. Pierres ouvrées. Pierres et terres servant aux arts et métiers. Poix ou galipot. Pommes de terre. Pommes et poires écrasées. Poterie de terre et de grés commune. Racines à vergette. Racines de réglisse. Riz. Ruches à miel. Sellerie grossière. Son. Tourteaux de graines grasses. Verres à lunettes et à cadrans, bruts. Viande fraiche. Viande en pain, etc.

62. Les prévenus ne doivent être arrêtés qu'autant que la loi prononce contre eux la peine d'emprisonnement : toute arrestation arbitraire entraînerait, au bénéfice du délinquant, des dommages-intérêts. Mais si l'arrestation est faite par suite d'une saisie opérée selon le vœu de la loi, ce n'est plus une arrestation arbitraire, et elle ne saurait recevoir ce caractère de la nullité qui serait commise dans la forme du rapport qui constate la saisie.

63. Le défaut d'arrestation des contrebandiers, ou les facilités qui leur sont données pour l'évasion, sont des violations de la loi qu'il faut éviter d'autant plus qu'elles peuvent entraîner la destitution.

64. Il n'y a pas que les seuls contrebandiers pris en flagrant délit qui puissent être arrêtés : les individus qui leur servent d'éclaireurs ou d'espions, sont passibles des mêmes peines qu'eux, même lorsqu'ils ne porteraient personnellement aucune fraude ; mais, avant de les constituer prisonniers, il faut être certain qu'ils ont cherché à favoriser le passage.

§ 3.

De la Poursuite de la Fraude et des Visites a Domicile.

65. En cas de poursuite de la fraude, les préposés peuvent la saisir dans l'intérieur, à quelque distance qu'ils la rencontrent, même hors du rayon :

1° Quand les marchandises (dépourvues d'expéditions régulières) ont franchi la limite du rayon, et qu'ils les ont poursuivies *sans que leur transport, ni leur poursuite aient été interrompus*, jusqu'au moment où ils auront atteint et arrêté ce transport sur les routes, ou en pleine campagne ;

2° Et quand, cachées dans une maison par des fraudeurs *poursuivis à vue* sans interruption, pour être soustraites à la saisie, elles sortent de cette maison pour continuer leur route.

66. Si, s'occupant de rechercher la fraude

pour s'en emparer, les préposés la perdent momentanément de vue par une circonstance indépendante de leur volonté (telle, par exemple, qu'un accident de terrain, un petit bois, une haie, etc.), la saisie qu'ils en font ensuite n'en est pas moins conforme à la loi.

Le concours de deux préposés n'est exigé que pour constater la saisie ; il ne l'est pas pour constater et certifier la poursuite à vue : d'où il suit que le rapport ne peut être attaqué lorsque l'un des préposés poursuivant la fraude, vient, après l'avoir momentanément perdu de vue, et sans avoir diverti à d'autres actes, attester l'exactitude de ce rapport.

La poursuite à vue résulte légalement de la mention consignée dans un rapport non argué de faux, que les préposés, bien que placés en embuscade sur un point situé hors du rayon, ont vu au loin les marchandises franchir la limite de ce même rayon, et venir du côté de l'étranger vers l'intérieur.

67. Si, dans le cours d'une poursuite à vue, les préposés voyaient les fraudeurs pénétrer dans une maison située dans l'étendue des deux myriamètres frontières, ils pourraient faire leurs recherches dans ladite maison pour y saisir les marchandises de contrebande, *mais seulement dans le cas où, n'ayant pas perdu de vue lesdites marchandises, ils seraient arrivés au moment même où les fraudeurs auraient pénétré dans ladite maison.*

Dans ce cas, *mais dans ce seul cas*, ils pourraient passer outre, suivre les fraudeurs, les arrêter, capturer leurs charges, sans commettre ni violation de domicile, ni arrestation arbitraire.

Toutes les saisies opérées soit dans le rayon, soit dans l'intérieur, *par suite d'une poursuite à vue*, sont considérées et traitées comme les saisies constatées à l'*importation*.

68. Soit que, par suite d'une poursuite à vue, les préposés aient vu pénétrer des marchandises de fraude dans une maison, sans avoir pu y entrer en même temps que les fraudeurs ; — soit qu'ils aient lieu de soupçonner qu'il existe des entrepôts frauduleux dans les villages et même dans les villes peuplées *de moins de* 2,000 *âmes*, ils ont le droit de faire leurs recherches dans les lieux et habitations où les marchandises pourraient être frauduleusement déposées : mais, alors, ils doivent se faire assister — soit du juge-de-paix, — soit du commissaire de police, — soit du maire ou de l'adjoint, — soit de tout autre officier municipal, et opérer ces recherches *de jour seulement*, c'est-à-dire depuis le *lever* jusqu'au *coucher* du soleil.

Si le propriétaire ouvre librement ses portes et consent volontiers à la visite de sa maison, l'assistance de l'officier public devient superflue : dans le cas contraire, pour peu même que ce propriétaire montre de mauvais vouloir, cette assistance est de toute nécessité. Pour éviter toute discussion ultérieure, il faut la demander toujours.

Si les préposés requéraient vainement l'assistance d'un officier public pour entrer dans une maison, ils devraient tenir cette maison cernée et recourir à l'autorité supérieure pour lui dénoncer l'officier qui aurait méconnu ses devoirs et obtenir d'elle qu'elle en déléguât immédiatement un autre.

Dans tous les cas, l'officier qui assiste les employés doit être appelé pour être présent à la rédaction du rapport, soit que cet acte soit dressé à domicile, ou au bureau le plus prochain; s'il y a refus de sa part, il suffit que le procès-verbal contienne la mention de la réquisition qui lui a été faite et celle de son refus.

69. Quand il y a lieu de saisir dans une maison, il faut y rédiger de suite le rapport et y faire la description de la marchandise. Si cette marchandise n'est pas prohibée, et si, d'ailleurs, la partie saisie donne caution solvable de sa valeur, on ne doit jamais la déplacer : — Si la partie ne fournit pas caution ou ne consigne point la valeur, ou s'il s'agit d'objets *prohibés à la sortie* (voir le n° 57) ou *à l'entrée* (1), ces objets sont déplacés et trans-

(1) Cartes à jouer. Chicorée moulue. Coutellerie. Cristal de roche ouvré. Curcuma en poudre. Ex-

portés au plus prochain bureau, et le prévenu est sommé d'avoir à s'y rencontrer pour être présent au dépôt.

Si, avec des objets prohibés, on découvre

---

trait de bois de teinture. Ferraille et mitraille. Fils de coton écrus au-dessous du n° 143 et tous autres. Fils de laine. Fils de poils (autres que ceux de chèvre, de vache et de chien). Fonte en masses de moins de 15 kilog. Livres (contrefaçon). Mélasse. Ouvrages en acier, en fer, en fonte, en tôle, en fer-blanc, en zinc, en cuivre (à l'exception des ouvrages simplement tournés), et en étain (la poterie exceptée). Ouvrages en peau ou en cuir (à l'exception des outres vides). Plaqués de toute sorte. Peaux préparées (autres que celles d'agneau, de chevreau, parchemin et vélin, de cygne, d'oie, cuir de veau odorant dit de Russie, et grandes peaux tannées pour semelles). Savons (autres que ceux de parfumerie). Sel de marais et de saline. Sellerie en cuir (sangles, selles, housses, caparaçons, brides, bridons, etc.). Sucre raffiné. Sucre candi. Tabacs. Tabletterie (autre que billes de billards et peignes en ivoire et en écaille). Terre de pipe. Tissus de coton (excepté les dentelles fabriquées à la main et aux fuseaux et les tulles avec application d'ouvrages en dentelles de fil). Tissus de crin (à l'exception des toiles à tamis, de la passementerie et des chapeaux). Tissus de laine (à l'exception des couvertures, des tapis de pied, de la toile à blutoir, du crépon de Zurich, de la passementerie et de la rubannerie). Tissus de soie, brochés d'or ou d'argent faux. Tissus de bourre de soie en façon cachemire et en étoffe mêlée d'or ou d'argent faux. Tulle de fil et de soie. Voitures suspendues, garnies ou peintes.

des marchandises tarifées à quelque droit que ce soit, il faut offrir la main-levée de ces derniers et retenir les autres. (Si l'on découvrait des cartes, du tabac, ou des poudres, on agirait comme il est dit au n° 73.)

Ces formalités sont de rigueur; leur omission ou leur inobservation entraînerait la nullité du rapport; elles sont indépendantes de celles que l'on trouvera plus loin, au chapitre VII, sous les n°s 79 et suivants.

S'il y a opposition de la partie à ce que le procès-verbal soit rédigé dans la maison, cet acte sera fait au bureau le plus voisin. — Il y a opposition non-seulement quand la partie empêche, par des voies de fait ou des violences, les préposés de procéder à leurs opérations, mais encore lorsqu'il résulte des circonstances rapportées au procès-verbal, qu'ils ne pouvaient y procéder sans compromettre leur sûreté.

Le rapport peut aussi être fait au bureau le plus voisin quand la partie y consent *formellement*.

Si les moyens manquent pour constater le poids des objets saisis à domicile, il suffit que le rapport en contienne l'évaluation.

La rédaction du rapport, bien que commencée au domicile de la partie, peut être terminée au bureau le plus voisin en ce qui concerne le dépôt des marchandises; mais l'acte de dépôt fait au bureau doit contenir, à peine de nullité, — que copie en a été affichée à la porte dudit bureau, faute par la partie d'avoir déféré à la sommation d'y assister, — ou, si elle est présente, qu'il lui en a été donné lecture et qu'elle en a reçu copie.

70. On ne met *jamais* en état d'arrestation le prévenu chez lequel on découvre un entrepôt frauduleux.

Quand les marchandises trouvées en fraude payent moins de 20 fr. par 100 kilog., l'amende encourue est de 100 fr. avec la confiscation. *(Loi du 22 août 1791, tit. 13, art. 39.) (Compétence du juge-de-paix.)* — Si ces marchandises payent plus de 20 fr. par 100 kilog. ou si elles sont prohibées à l'entrée, la peine encourue est la confiscation, l'emprisonnement, et une amende de 500 fr., si l'objet saisi n'excède pas cette somme, et, dans le cas contraire, une amende égale à la valeur. *(Loi du 28 avril 1816, art. 38 et 41.) (Compétence du tribunal correctionnel.)*

§ 4.

Des Saisies a l'Intérieur.

71. Les préposés ont le droit de rechercher et de saisir, *dans toute l'étendue du territoire de la République* ;

1° Les fils de laine de toute espèce ;
2° Les cotons filés ;

3° Les tissus et tricots de coton et de laine ;

4° Et tous les autres tissus de fabriques étrangères, prohibés à l'entrée.

Les saisies peuvent être opérées — en campagne — ou à domicile ; mais *jamais* elles ne motivent l'arrestation des fraudeurs. Seulement, en cas de saisie de campagne, les porteurs de ballots peuvent être conduits devant l'officier public le plus voisin, pour y voir procéder à l'examen des objets ; s'ils refusent d'obtempérer à la réquisition de venir devant cet officier, les préposés sont autorisés à passer outre, et si la résistance nécessite l'emploi de la force, il est dressé procès-verbal pour que le ministère public puisse diriger contre eux les poursuites de droit. — Si les personnes ainsi arrêtées ne se trouvent pas en contravention, elles ont droit à une indemnité de la part de l'administration.

En cas de visite à domicile, les employés doivent se faire accompagner d'un officier municipal ou d'un commissaire de police qui est tenu de se rendre à leur réquisition, et ne se livrer aux recherches que *de jour* seulement.

S'ils découvrent de la fraude, leur procès-verbal sera, à moins d'empêchement (n° 69), rédigé au domicile même de la partie ; il devra faire mention :

1° Du canton, de l'arrondissement et du département dans lesquels se trouve le lieu de la saisie ;

2° Des marques et des numéros des pièces ;

3° Des longueurs et largeurs exactes des tissus, calculées en mètres et fractions de mètre ;

4° De la désignation et description des objets saisis, article par article ;

5° De la série de numéros qui aura été suivie depuis le premier article jusqu'au dernier, sauf, lorsqu'il y aura plusieurs objets absolument identiques en qualités et dimensions, à les mentionner conformément à l'exemple qui suit : *Vingt pièces mousseline unie de .. mètres de longueur sur .. mètres de largeur, numérotées de 1 à 20, etc.* ;

6° Du poids net des marchandises ;

7° Du prélèvement qui sera fait d'échantillons sur chaque pièce ou coupon ;

8° Du poids net de ces échantillons et du nombre de liasses ;

9° Et de la mise sous enveloppe de ces échantillons.

Cette enveloppe sera revêtue du cachet de l'officier public, de celui des saisissants et de celui de la partie, à moins qu'elle ne s'y refuse, ce dont le rapport ferait également mention. Les mêmes cachets seront apposés en marge du rapport : les marchandises, ensuite emballées et scellées desdits cachets, seront transportées et déposées au plus prochain bureau, autant que les circonstances pourront le permettre, et le paquet contenant les échantillons sera immédiatement transmis à l'administration des douanes.

Dans les villes et endroits de l'intérieur où il n'y a pas de douanes, les marchandises saisies seront transportées et déposées à la préfecture ou à la sous-préfecture, et les échantillons, ainsi que le procès-verbal, seront envoyés par le préfet au directeur-général des douanes.

L'état des frais auxquels la saisie donne lieu est dressé par les préposés (voir aux modèles) et remis par eux au sous-préfet ou au préfet qui en fait effectuer le remboursement par le receveur de l'enregistrement de la ville où siége le tribunal dans le ressort duquel est le lieu de la saisie.

On doit apporter le plus grand soin au prélèvement et au dénombrement des échantillons qui doivent porter les mêmes numéros que les pièces d'où ils ont été prélevés. Quand il s'agira de mouchoirs, on prélèvera un mouchoir entier : à l'égard des cotons filés et des ouvrages de bonneterie, comme bas, bonnets, etc., pour lesquels il serait difficile et même quelquefois impossible de prélever des échantillons, il est de toute nécessité que les objets saisis soient intégralement envoyés à Paris.

72. Les rapports sont rédigés à la requête du procureur de la République, en vertu de l'article 59, tit. 6, de la loi du 28 avril 1816, et les pénalités appliquées d'après la loi du

21 avril 1818, art. 45, ainsi conçu : « Si les « tissus saisis faute de marque sont reconnus « par le jury être de fabrication étrangère, « leurs détenteurs seront punis, outre la « confiscation, d'une amende égale à la valeur « de l'objet estimé par le jury, mais qui ne « pourra jamais être au-dessous de 500 fr. »

Les procès-verbaux ne sont point assujettis aux formalités prescrites pour la validité des rapports rédigés dans le rayon : il est bon, cependant, de se conformer à ces formalités, autant que possible.

75. Si, dans le cours des visites à domicile qu'ils opèrent à l'intérieur ou dans le rayon, les préposés découvraient *des cartes, du tabac, des poudres ou des armes défendues*, ils en feraient la saisie comme s'il s'agissait de tissus prohibés ; mais, au lieu de verbaliser à la requête de la douane, ils verbaliseraient — à la requête de l'administration des contributions indirectes, pour les cartes, les tabacs et les poudres, — et, pour les armes, à la requête du ministère public.

Les cartes, les tabacs et les poudres seraient remis au bureau des contributions indirectes le plus voisin de la saisie, avec le procès-verbal et l'état des frais ; les armes seraient remises au parquet avec le rapport et l'état des frais.

Si des tissus ou autres marchandises étaient trouvés avec des cartes, des tabacs, des poudres ou des armes défendues, il faudrait rédiger deux rapports distincts et séparés, savoir : l'un à la requête de la douane pour les tissus et les autres objets, et l'autre, à la requête — ou des contributions indirectes — ou du ministère public, pour les tabacs, les cartes, les poudres ou les armes défendues.

— Pour la saisie des *cartes*, on invoquerait l'article 166 de la loi du 28 avril 1816, qui prononce la confiscation avec amende de 1000 fr. à 3000 fr.

— Pour les *tabacs*, on invoquerait l'article 122 de ladite loi, qui, indépendamment de la confiscation des tabacs et des ustensiles, inflige une amende de 300 fr. à 1000 fr.

— Pour les *poudres*, on appliquerait l'art. 2 de la loi du 24 mai 1834, et l'article 27 de la loi du 13 fructidor an 5, qui prononcent, contre le détenteur, un emprisonnement d'un mois à deux ans, une amende de 3000 fr. et la confiscation des poudrés et des ustensiles servant à leur confection.

— Enfin, pour les *armes et munitions de guerre*, il faudrait requérir les peines portées par l'article 3 de la loi du 24 mai 1834, qui sont, outre la confiscation et l'emprisonnement, l'amende de 16 fr. à 1000 fr.

CHAPITRE V.

ACCIDENTS ARRIVÉS SUR LE TERRAIN.

74. Toutes les fois qu'un employé est blessé, soit par suite de lutte, combat ou acte de dévouement, soit par simple accident, dans l'exercice de ses fonctions, l'évènement doit être constaté immédiatement par un procès-verbal circonstancié dont l'original doit être joint au dossier de l'employé.

Dans le cas même où l'évènement ne parait pas susceptible de conséquences sérieuses, il importe toujours, du moins, de le mentionner sur le registre de la brigade, afin de pouvoir en produire un extrait si le besoin venait à s'en faire sentir. Comme les registres de travail sont livrés aux domaines au bout de trois ans, il convient, à tous égards, que la mention dont il s'agit soit faite, avec tout le soin convenable, sur le registre d'évènement (série E, n° 97 bis), lequel doit être conservé. Cette prescription, si essentielle dans l'intérêt des préposés, est recommandée particulièrement à la sollicitude des brigadiers.

A l'égard des infirmités résultant, soit des fatigues extraordinaires du service dans certains postes, soit de l'habitation prolongée dans des localités malsaines, on ne peut procéder par voie de procès-verbaux ; mais il est possible souvent de produire, soit des extraits de rapports de propositions de mutations, ou des notes semestrielles fournies antérieurement par les chefs locaux, et mentionnant l'origine et l'aggravation des infirmités de l'employé, avant qu'elles ne l'aient mis entièrement hors d'état de servir. On peut aussi produire utilement des extraits des rapports périodiques, que, dans certaines directions, les médecins sont tenus d'adresser sur l'état sanitaire des hommes confiés à leurs soins.

Toutes ces pièces, destinées à motiver les pensions exceptionnelles en faveur d'employés devenus invalides avant 25 ou 30 ans de service, doivent être rédigées avec soin. Elles doivent, en outre, être appuyées de certificats fournis séparément par les médecins des douanes, les capitaines et les inspecteurs, au moment de la proposition d'admission à la retraite. Ces certificats doivent être faits avec beaucoup de précision; rien ne doit y être énoncé en termes dubitatifs. Sans doute, on ne doit rien attester dont on ne soit parfaitement sûr; mais, pour ce qu'ils ne peuvent certifier par leur témoignage direct et personnel, les chefs locaux doivent recourir à des enquêtes administratives afin de former leur conviction.

CHAPITRE VI.

Trouble, Injures et Rebellion.

75. Déjà, je l'ai dit : les préposés sont sous la sauvegarde de la loi : il est défendu à toute personne de les injurier ou maltraiter, et même de les troubler dans l'exercice de leurs fonctions (1), et cela, sous peine d'une amende de 500 fr. qui est individuelle, et sous toutes autres peines portées par le Code pénal contre ceux qui s'opposent, avec violences, à l'exercice des fonctions publiques.

Il y a *opposition simple*, quel que soit le nombre des opposants, quand, se bornant à des menaces ou à des injures, et même à l'espionnage, on ne laisse pas aux agents de la douane toute la liberté d'action qui leur est nécessaire pour se livrer à leurs fonctions.

Il y a *rébellion* si la résistance aux fonctions des préposés a lieu avec violences et voies de faits, et cette rébellion est qualifiée de *délit* ou de *crime*, selon qu'elle a été commise par une réunion de 2 à 20 personnes non armées,

---

(1) Les préposés sont dans l'exercice de leurs fonctions : 1° Quand ils sont en tournée ; 2° Quand ils sont en observation ou en embuscade pour empêcher l'introduction des marchandises ; 3° Quand ils accomplissent un acte de leur ministère ; 4° Et quand ils procèdent, à la requête du ministère public, à l'arrestation d'un individu.

ou par 3 personnes armées, ou par une réunion de plus de 20 personnes.

76. Les préposés qui ont à verbaliser pour cause d'opposition, d'injures ou de rébellion, doivent particulièrement s'attacher à bien caractériser les faits : ils ne peuvent sans doute dissimuler les circonstances dont ils ont été les témoins et souvent les victimes, mais il est de leur devoir rigoureux de n'énoncer que celles dont ils sont parfaitement assurés, et sur lesquelles ils pourront toujours donner aux tribunaux les renseignements les plus précis et les plus concordants. Ils ne doivent jamais, surtout, exagérer la gravité du fait, ni le nombre des coupables : il ne faut pas non plus qu'ils confondent avec eux les personnes qui n'assistent que par hasard à ces sortes de rebellions, lorsque, d'ailleurs, elles n'y prennent aucune part. En un mot, les plaintes ou procès-verbaux, ne doivent indiquer, comme dans le cas d'être poursuivis, que les individus qui ont véritablement fait résistance ; s'il y a doute à l'égard de quelques uns, ont doit s'abstenir de les désigner.

On doit aussi recueillir avec soin les armes, bâtons, etc., qu'on aurait pu enlever aux rebellionnaires, parce que ces preuves, quoique muettes, sont toujours d'un grand poids aux yeux des juges.

77. C'est au bureau que doit être rédigé

l'acte qui constate les injures ou la rébellion : la rédaction en est placée sous la responsabilité des chefs, et les receveurs ne peuvent se dispenser d'y concourir.

CHAPITRE VII.

Rédaction et Formalités des Rapports.

78. Par *rapport* ou *procès-verbal*, on entend l'acte qui constate une contravention, un fait de contrebande, un délit ou un crime.

La rédaction d'un rapport, exige quatre choses :

— Connaissance parfaite de la loi à laquelle il est contrevenu, afin de bien caractériser le délit, et de ne le voir que là où il existe ;

— Observation des formes dans la rédaction de l'acte qui le constate, pour prévenir les nullités qui en paralyseraient l'effet ;

— Vérité pleine et entière dans l'exposé de la contravention et des circonstances qui l'accompagnent ;

— Clarté dans le récit.

Bien qu'aucune disposition légale n'ordonne d'énoncer, dans les rapports, la profession et la demeure des prévenus, il est cependant utile de ne pas omettre cette indication qui, d'ailleurs, peut servir à la suite des affaires.

Toute surcharge, rature ou interligne, doit être approuvée, sous peine de nullité : il en est de même des renvois.

En rédigeant un rapport, il ne faut se servir que des termes dont la loi se sert elle-même. Ainsi, dans le corps de cet acte, au lieu de dire offert, présenté copie, il faut dire il en a reçu de suite une copie, — au lieu de invité, prié, il faut dire sommé, — au lieu de proposé, demandé, il faut dire interpellé, — et, dans l'acte d'affirmation, on doit faire écrire par le juge-de-paix le mot affirmé sincère et véritable, au lieu de tout autre qui semblerait équivaloir.

Il faut également s'abstenir de toute espèce de qualification injurieuse.

79. Sous peine d'être nul et de nul effet, tout rapport doit énoncer :

1° La date de la rédaction de l'acte. (Cette date doit être précisée par l'énonciation de l'année et du jour.)

2° Le nom de la partie à la requête de laquelle on agit ;

3° L'élection de domicile que fait cette partie, dans le bureau du receveur poursuivant ;

4° Les nom, prénoms, qualités et demeure de ce poursuivant ;

5° Les noms, prénoms, qualités et demeures des saisissants, qui, dans tous les cas, doivent toujours être au moins deux pour rédiger ;

6° Le jour, l'heure et le lieu où la fraude est découverte ;

7° La nature du délit ;

8° La déclaration qui a été faite de la saisie;

9° La cause de cette saisie;

10° La désignation du nombre des fraudeurs; leurs noms, prénoms, professions et demeures;

11° L'espèce, le poids, le nombre (ou, en cas d'impossibilité de donner le poids, l'évaluation faite de gré à gré), des objets saisis;

12° La présence de la partie à leur description, ou la sommation qui lui aura été faite d'y assister;

13° (*En cas de saisie à domicile* : la rédaction et la description qui y est faite; l'offre de main-levée des marchandises dont la consommation est permise; à défaut de caution, ou si les objets sont prohibés à l'entrée ou à la sortie, le déplacement de ces objets, et leur transport au plus prochain bureau, avec sommation à la partie d'assister au dépôt;)

14° La mise sous ficelles et cachets, ou la main-levée des marchandises non prohibées et des moyens de transport;

15° La mention de l'offre de main-levée et de la réponse de la partie;

16° Les nom, prénoms, qualités et demeure du gardien;

17° La conduite au bureau de la douane (et, autant que les circonstances le permettront, au plus prochain (n° 49) du lieu de la saisie) des marchandises, voitures, chevaux et bateaux servant au transport;

18° Que lecture du rapport a été *donnée* au prévenu présent ;

19° Qu'il a été *interpellé* de le signer ;

20° Qu'il en a *reçu de suite une copie ;*

21° Avec citation (quand l'affaire est du ressort du juge-de-paix), à comparaître devant ce juge dans les vingt-quatre heures ;

22° *En cas d'absence du prévenu*, l'apposition, faite dans le jour, d'une copie à la porte extérieure du bureau ;

23° Le lieu de la rédaction du rapport et l'heure de sa clôture.

Egalement sous peine de nullité : — les rapports, citations par-devant le juge-de-paix, et les affiches, doivent être faits tous les jours, sans distinction des jours de dimanche ou de fête.

— Les rapports doivent être affirmés, au moins par deux des saisissants, devant le juge-de-paix, ou l'un de ses suppléants, dans le délai donné pour comparaître, c'est-à-dire *dans les vingt-quatre heures*, quand il s'agit d'une affaire civile, et *dans les trois jours*, quand il s'agit d'une affaire correctionnelle ; l'acte d'affirmation doit énoncer qu'il a été donné lecture du rapport aux affirmants.

— Et ces mêmes rapports doivent être enregistrés dans les quatre jours de leur date. Il n'y a d'exception qu'autant qu'il ne se trouverait pas de bureau d'enregistrement dans la commune du dépôt de la marchandise, ni dans celle où est placé le tribunal qui doit connaître de l'affaire. Dans ce cas, le rapport serait visé (voir aux modèles) le jour de sa clôture, ou le lendemain avant midi, par le juge-de-paix du lieu, ou, à son défaut, par le maire.

80. S'il arrivait qu'un cas de force majeure, tel, par exemple, que l'absence ou même le refus du juge-de-paix et de ses suppléants, plaçât les rédacteurs d'un rapport dans l'impossibilité de l'affirmer en temps utile, ils auraient à se retirer devant le maire, ou, à son défaut, devant l'adjoint: ils requerraient ce magistrat de recevoir leur déclaration de force majeure, et, *en tant que de besoin*, l'affirmation de leur procès-verbal, avec la réserve qu'ils feraient de se rendre devant le juge-de-paix pour réitérer l'affirmation légale, aussitôt que la force majeure aurait cessé.

Si l'affirmation ne pouvait se faire, par suite de refus que ferait le juge ou son suppléant de la recevoir, ce refus serait mentionné, comme cas de force majeure, dans la déclaration faite au maire ou à son adjoint.

Enfin, si les préposés se trouvaient retenus dans un lieu où il n'existerait aucune autorité, ils pourraient rédiger leur rapport en deux contextes; déclarer, dans le premier, que le procès-verbal sera clos lorsque la force majeure aura cessé, et le clore en effet, par un second contexte, aussitôt qu'ils seront à même de remplir toutes les formalités voulues par la loi.

81. Lorsque le rapport ne peut être clos le jour même où il a été commencé, il est divisé en vacations *(Voir aux modèles)*. A chaque vacation, copie doit être donnée à la partie présente, ou affichée, en cas d'absence, à la porte de son domicile. Il faut énoncer avec soin les motifs qui ont fait suspendre ou qui ont prolongé l'opération. La partie du rapport rédigée le premier jour doit être close et signée des préposés et du prévenu s'il est présent, ou faire mention de son refus; — indiquer l'heure et le lieu où la rédaction sera reprise; — exprimer que les prévenus ont été sommés de s'y trouver; — et que des cachets ont été apposés sur les caisses ou ballots renfermant les objets saisis. — Il doit en être de même chaque fois qu'il y a interruption.

82. Dans le cas où le motif de la saisie porterait sur le *faux* ou l'*altération* d'une expédition, le rapport énumérerait le genre de faux, les altérations ou surcharges : ladite expédition, signée et paraphée des saisissants, *ne varietur*, serait annexée au rapport, qui contiendrait la sommation faite à la partie de le signer et sa réponse.

83. Les rapports rédigés d'après les règles qui précèdent, sont crus, en justice, jusqu'à inscription de faux: les tribunaux ne peuvent admettre, contre lesdits rapports, d'autres nullités que celles résultant de *l'omission* des formalités prescrites.

CHAPITRE VIII.

MODÈLES.

Demande d'Assistance.

1. Au nom du Peuple Français, et en vertu des articles 60, tit. 6, de la loi du 28 avril 1816, et 36 et 39, tit. 13, de celle du 22 août 1791,

Nous soussignés .... préposés des douanes, demeurant à .... requérons M. .... auquel nous avons préalablement fait connaître nos qualités, d'avoir, sous peine de désobéissance à la loi, à nous assister dans la visite que nous désirons faire au domicile d'un habitant de sa commune, chez lequel nous présumons qu'il existe de la fraude.

Fait à .... le .. 18.. à .. heures du ....

Demande de Main-Forte.

2. Au nom du Peuple Français, et en vertu de l'art. 14, tit. 13, de la loi du 22 août 1791,

Nous soussignés .... préposés des douanes, demeurant à ...., requérons M. .... d'avoir, sous peine de désobéissance à la loi, à nous faire prêter main-forte, et sur-le-champ, à l'effet de...

Fait à .... le .. 18.. à .. heures du ....

Actes Constatants des Accidents *arrivés aux employés dans l'exercice de leurs fonctions.*

3. L'an .... le .. nous soussignés .... certifions

que, le présent jour, à .. heures du...., étant en service à ...., nous nous sommes mis à la poursuite d'une bande de fraudeurs qui tentait de pénétrer dans l'intérieur, et que nous avons refoulée à l'étranger. Pendant que nous courrions après eux dans l'espoir de les arrêter, moi .... ai glissé sur un endroit humide, et, dans la chûte que j'ai faite, me suis fracturé le bras gauche, ainsi qu'il en conste par le certificat ci-joint de M. .... docteur en médecine des douanes, à ....

En foi de quoi nous avons dressé le présent acte, pour servir et valoir ce que de droit, à la douane de .... les jour, mois et an ci-dessus, et avons signé avec M. .... receveur audit bureau, qui a reçu notre déclaration.

4. L'an .... le .. nous soussignés .... certifions que, cejourd'hui, vers les .. heures du ...., nous étions en surveillance à .... quand tout-à-coup, et sans aucune provocation de notre part, plusieurs individus, à nous inconnus, se sont rués sur nous, et nous ont fait, avec des bâtons et des pierres dont ils étaient armés, savoir : à moi .... une large plaie sur la tête, et à moi.... de fortes contusions sur l'estomac et sur les bras; puis ils se sont enfuis précipitamment sans que nous puissions les atteindre et nous assurer s'ils portaient des objets de fraude.

Nous nous sommes immédiatement rendus près de M. .... médecin des douanes à .... qui a constaté l'état de nos blessures par l'acte que nous annexons au présent.

En foi de quoi nous avons rédigé ce procès-verbal, pour servir et valoir ce que de droit, au bureau de la douane de ...., les an, mois et jour sus-énoncés, et nous avons signé avec M. .... receveur en ladite douane, qui a reçu notre déclaration.

5. L'ordre de service donné hier aux préposés .... leur enjoignait de ....

En se rendant sur le point qui leur était indiqué, ces deux employés ont vu une femme qui suivait le sentier qui conduit de .... à .... et qui, en les apercevant, a doublé le pas pour leur échapper. Aussitôt le préposé .... a voulu courir après elle; mais, dans la précipitation qu'il a mis à sa poursuite, il est tombé sur une pierre et s'est fait une fracture à la jambe droite. Ce n'est que très-difficilement que son camarade .... aidé par les sieurs .... qui passaient là par hasard, a pu le ramener au poste où ils ne sont arrivés qu'à .. heures du .... Par suite de ce fâcheux accident, le service commandé n'a pu être accompli.

Appelé immédiatement, M. ...., docteur en médecine à .... a donné ses soins au malade, et a constaté son état par l'acte ci-annexé.

A .... le ....

Le Brigadier,

J'ai vérifié les faits énoncés ci-contre; ils

sont exacts : La déposition des sieurs .... témoins de l'accident, que j'ai fait venir devant moi, les a pleinement confirmés.

A .... le .... 18..

Le Capitaine,

SAISIES A DOMICILE, DANS LE RAYON DES DOUANES.

Marchandises taxées à moins de 20 fr. *par* 100 *kil.*

6. L'an mil huit cent .... le .. du mois de ..., à la requête de M. le Directeur-général des Douanes, dont les bureaux sont à Paris, hôtel des Finances, rue Mont-Thabor, 29, poursuites et diligences de M. ...., Receveur .... desdites douanes à ...., y résidant, et en la demeure duquel il est fait élection de domicile aux fins du présent, nous soussignés (Noms, prénoms,) préposés des mêmes douanes de la brigade de ...., y demeurant, (ou bien préposés des mêmes douanes, demeurant le premier à .... et le second à ....)

Certifions que soupçonnant qu'il existait un entrepôt frauduleux dans la maison du sieur.... négociant, demeurant à ...., hameau dépendant de la commune de .... (ou bien : commune dont la population agglomérée ne forme pas le nombre de deux mille âmes), nous avons requis l'assistance de M. ...., maire (ou adjoint, ou membre du conseil municipal) de ladite commune, et nous nous sommes transportés avec lui chez ledit sieur .... **Y étant** arrivés vers les .. heures du .... de ce jour, nous avons demandé le maître du logis ou son représentant, et le sieur .... a comparu. Tout en lui déclinant nos qualités, nous lui avons fait connaître l'objet de notre mission, et nous l'avons sommé d'être présent aux recherches que nous allions opérer dans son domicile, sommation à laquelle il a obtempéré. Alors, nous sommes entrés avec lui, et M. ...., maire, dans .... où nous avons trouvé .... pour lesquelles marchandises nous lui avons demandé l'exhibition des pièces justificatives, soit de fabrication dans le rayon, soit d'extraction légale : Il nous a dit n'en point avoir. (Ou bien: Il nous a montré à l'instant deux passavants délivrés au bureau de .... l'un à la date du .... l'autre à celle du .... Mais ces pièces étaient surannées, dépourvues de visa, et nullement applicables au cas dont il s'agit. Sur son invitation, nous les annexons au présent, après les avoir signées et paraphées *ne varietur.)* Lesdites marchandises ne pouvant être entreposées dans les lieux au-dessous de deux mille âmes, *qu'autant qu'elles sont du crû pays ou que leur dépôt est légalement justifié,* — nous lui en avons déclaré la saisie pour cause de détention non-autorisée, et ce, par application des articles 37, 38 et 39 du titre 13 de la loi du 22 août 1791 ; nous avons reconnu, en sa présence, et toujours assistés de M... , maire, (ou bien : Et en l'absence momentanée de M. ...., maire,) qu'elles consistaient en .... nous lui en avons offert main-levée sous caution solvable, ou en en consignant la valeur estimée de gré à gré à la somme de ....

S'il refuse :

Ce qu'il a refusé, et de suite nous avons mis lesdits objets dans .... sur lesquels nous avons apposé le cachet dont empreinte est en marge du présent : Sommé d'y mettre aussi le sien, il nous a dit n'en point avoir. Nous lui avons alors notifié que nous allions transporter ces marchandises au bureau des douanes à ...., le plus prochain, et que M. ...., receveur des douanes audit bureau, y demeurant, s'en établirait gardien. Sommé de nouveau d'assister à ce dépot, il a refusé (ou accepté).

S'il accepte :

Ce qu'il a accepté, et de suite il nous a offert, pour sa caution, le sieur ...., demeurant à ...., qui s'est obligé solidairement avec lui, en signant le présent, et nous lui avons fait la remise immédiate desdites marchandises, qu'il reconnaît avoir reçues.

L'infraction que nous constatons par le présent acte, donnant lieu aux condamnations portées par l'article 39 de la loi précitée, nous préposés ci-dessus nommés et soussignés, citons ledit sieur .... prévenu, à comparaître demain, .. du courant, à ... heures du ....

(dans les 24 heures) devant le juge-de-paix du canton de...., pour se défendre tant sur l'application des peines pécuniaires par lui encourues, que sur la liquidation des dépens.

Rédigé le présent rapport au domicile du sieur ...., prévenu, demeurant à ...., où il a été clos à .. heure du ...., des jour, mois et an ci-dessus énoncés. Et de suite nous en avons donné lecture audit .... qui a été interpellé de le signer, ce qu'il a fait, et qui en a reçu de suite une copie avec la citation à comparaître qui y est contenue, et nous avons signé, chacun en ce qui le concerne, avec M. ...., maire (ou adjoint).

Marchandises prohibées à l'Entrée ou à la Sortie.

INJURES.

7. L'an.... le.. (comme au modèle précédent jusqu'aux mots. *qu'autant qu'elles sont du crû du pays, ou que leur dépôt est légalement justifié.)* .... Nous lui en avons déclaré la saisie pour cause d'entrepôt frauduleux, et ce, par application

Prohibition à l'entrée :	*Prohibition à la sortie :*
De l'article 38, § 4 de la loi du 28 avril 1816,	Des articles 1 et 3, tit. 5, et 39, tit. 13, de la loi du 22 août 1791,

le sommant d'assister à la description que nous allions en faire dans son domicile. Au même instant, et pour toute réponse, cet individu s'est répandu contre nous en invectives, et, nous traitant de gueux, de canailles et de voleurs, nous a déclaré que si nous ne sortions à l'instant de chez lui, il allait nous en faire chasser par ses gens. Ne pouvant rester plus long-temps chez ce particulier sans compromettre notre sûreté, nous lui avons déclaré que nous allions nous retirer au bureau de la douane de ...., le plus prochain, pour y rédiger notre procès-verbal, et nous l'avons sommé de nouveau d'avoir à s'y trouver avec nous pour assister à la description desdites marchandises; mais il ne nous a répondu que par de nouvelles injures. Nous sommes alors partis en lui notifiant que nous prenions acte des injures qu'il avait proférées contre nous, que nous en rédigerions aussi rapport, et que nous allions déposer l'objet de notre saisie entre les mains de M. ...., receveur des douanes, à..., qui s'en établirait gardien.

En conséquence, étant arrivés audit bureau de ...., à .. heure du .... de ce jour, nous avons, conjointement avec M. ...., sus-qualifié, en présence de M. ...., maire, et en l'absence du prévenu, reconnu que l'objet de notre saisie consistait en ...., que nous avons laissés à la garde dudit sieur ...., receveur.

Procédant aux fins du présent rapport qui a été rédigé de suite, nous préposés ci-dessus nommés et soussignés,

Prohibition à l'entrée :

Déclarons au prévenu .... que l'original de notre rapport sera, après affirmation et enregistrement, remis entre les mains de M. le Procureur de la République près le tribunal correctionnel séant à ...., qui, après l'avoir fait assigner dans les formes et délais voulus, requerra contre lui les peines édictées par l'art. 41 de la loi du 28 avril 1816,

Prohibition à la sortie :

Citons ledit sieur .... à comparaître demain, .. du courant, devant le juge-de-paix du canton de...., à.. heures du...., pour se voir condamner en l'amende de 100 fr. en conformité de l'article 39, titre 13, de la loi du 22 août 1791, précitée.

le prévenant que l'administration des douanes se portera partie civile pour obtenir, pour les injures et l'opposition à nos fonctions, la réparation prononcée par l'art. 14 du titre 13 de la loi du 22 août 1791, et l'art. 2, tit. 4, de celle du 4 germinal an 2.

Fait et rédigé le présent acte au bureau de la douane de ...., où il a été clos à .. heures du .... des jour, mois et an ci-dessus énoncés : Et attendu l'absence continuelle dudit sieur..., prévenu, nous avons immédiatement affiché, à la porte extérieure de cette douane, copie du rapport pour lui servir ce que de droit.

Saisies a Domicile, hors du rayon, de marchandises dont partie est prohibée et dont partie est taxée.

(Fraudeurs poursuivis à vue.)

8. L'an ...., le, etc.

Certifions que, cejourd'hui, étant en service à ...., lieu distant de l'étranger d'environ .. kilomètres, nous avons aperçu, vers les.. heures du ...., venant du côté de ...., et se dirigeant vers l'intérieur, plusieurs individus chargés de ballots, et qui ont pris la fuite en nous voyant courir après eux. Les ayant vivement poursuivis sans interruption et sans les perdre de vue, nous les avons suivis en pleine campagne pendant plus de deux heures, jusqu'au moment où, fatigués de leur course, ils se sont jetés dans le village de ...., situé à environ trois kilomètres hors du rayon des douanes. Y étant arrivés presque en même temps qu'eux, nous les avons vus s'introduire dans une maison de ce village où nous sommes entrés, un instant après eux, accompagnés de M. ...., maire de ladite commune, dont nous avons requis l'assistance, à l'effet d'y faire des recherches. Déclaration faite de nos qualités au maître de la maison qui nous a dit se nommer ...., nous l'avons sommé de nous accompagner dans notre perquisition, ce à quoi il a consenti. Passant, avec lui et M. ...., maire, dans la chambre dite le poële, nous avons trouvé, cachés derrière un buffet, quatre ballots dont il nous a dit ignorer le contenu et la provenance, et pour lesquels il n'a pu nous représenter d'expédition de douane. Ne doutant point que ces ballots ne fussent les mêmes que ceux que, tout à l'heure, nous avions vu introduire dans son habitation, nous avons procédé, en son domicile et par devant lui, à la description des objets qu'ils renfermaient, et nous avons reconnu, savoir: dans le premier ballot, cent paquets de chicorée moulue; dans le second, dix pains de sucre raffiné; dans le troisième, du café; et dans le quatrième, de la plume de canards. Ces marchandises étant ou prohibées à l'entrée, ou passibles de droits s'élevant à plus de 20 fr. par 100 kilog., nous lui en avons déclaré la saisie pour cause d'entrepôt frauduleux, conformément aux art. 38 et 41 de la loi du 28 avril 1816, et, attendu que nous n'avons pu en prendre le poids à défaut de balances, nous en avons estimé de gré à gré la valeur à la somme totale de .... Nous avons offert audit sieur .... la main-levée, sous caution solvable, ou en consignant la valeur, du café et des plumes à lit, comme pouvant être livrés à la consommation,

En cas de refus:

Il l'a refusée. En conséquence, nous avons remis toutes

En cas d'acceptation:

Il l'a acceptée, et de suite il a offert pour sa caution le sieur ...., deces marchandises dans leurs enveloppes primitives, sur lesquelles nous avons apposé notre cachet, en l'invitant à y apposer aussi le sien ; il nous a dit n'en point avoir.

meurant à...., qui s'est obligé solidairement avec lui, en signant le présent, et lui avons fait la remise immédiate dudit café et des plumes à lit, moyennant la somme de...., estimée de gré à gré, qu'il paiera à la première réquisition qui lui en sera légalement faite.

Nous lui avons notifié que nous transporterions

En cas de refus:

ces quatre ballots

En cas d'acceptation:

la chicorée moulue et le sucre raffiné

au bureau de la douane de...., le plus prochain, et que nous les mettrions sous la garde de M....., receveur des douanes audit bureau, y demeurant : sommé d'assister avec nous à ce dépôt, il a refusé : (*ou bien* il a consenti).

Procédant aux fins du présent, rédigé de suite, nous préposés ci-dessus nommés et soussignés, avons notifié au prévenu.... que notre rapport sera remis entre les mains de M. le Procureur de la République près le tribunal correctionnel séant à...., et que ce magistrat exercera contre lui, en temps utile, les poursuites voulues par l'art. 41 de la loi précitée.

Fait et clos à.. heures du...., des jour,

mois et an sus-énoncés, au domicile du sieur .... à ...., auquel nous avons donné lecture de notre procès-verbal avec interpellation de le signer, ce qu'il a fait (ou : ce qu'il a refusé de faire) et il en a reçu de suite une copie, après que nous avons eu signé avec M...., maire, toujours présent.

SAISIE A DOMICILE, DE TABACS, DE POUDRES OU DE CARTES.

(Dans le rayon, ou dans l'intérieur.)

9. L'an ...., le ...., à la requête de M. le conseiller d'Etat, Directeur-général de l'administration des contributions indirectes, dont le bureau central est à Paris, hôtel du ministère des Finances, poursuites et diligences de M. ...., directeur desdites contributions dans le département de ...., demeurant à ...., lequel élit domicile, pour la suite du présent, chez M. ...., directeur des mêmes contributions pour l'arrondissement de ...., demeurant à ....

Nous soussignés, préposés des douanes de poste et de résidence à .... Certifions que, sur le soupçon qu'il existait un entrepôt frauduleux chez le sieur ...., aubergiste, demeurant à ...., canton de ...., arrondissement de ...., département de .... nous nous sommes transportés au domicile de ce particulier, avec M. ...., maire de ladite commune. Y étant arrivés cejourd'hui à .. heures du ...., nous avons décliné nos qualités audit sieur ...., en l'invitant à nous accompagner dans la visite que nous venions faire de son habitation, ce à quoi il a consenti. Etant entrés avec lui et M. ...., maire, dans une chambre attenant à sa cuisine, nous avons découvert, dans une armoire fermant à clef, du tabac non revêtu de vignettes étrangères (de la poudre à feu — ou des cartes à jouer), sur l'origine et la possession desquels objets il n'a pu s'expliquer.

Vu sa contravention à l'article

Tabacs :	*Poudres :*	*Cartes :*
217 de la loi du 28 avril 1816,	24 de la loi du 13 fructidor an 5, et à l'article 2 de celle du 24 mai 1834,	166 de la loi du 28 avril 1816,

nous lui avons déclaré la saisie desdites marchandises pour cause de détention illégale, le sommant d'assister à la description que nous en allions faire en son domicile, ce à quoi il a obtempéré. Nous avons aussitôt reconnu, en sa présence, et avec M. ...., maire, que notre saisie consistait en ...., dont nous avons formé .. paquets, sur chacun desquels nous avons apposé notre sceau, celui de M. ...., maire, et le sien; nous lui avons ensuite notifié qu'après la clôture de notre rapport, nous nous rendrions au bureau de M. ..... receveur des contributions indirectes à ...., pour effectuer entre ses mains le dépôt desdits objets et lui en confier la garde, puis nous l'avons sommé de nous y accompagner pour être présent à l'acte de dépôt qui y serait par nous rédigé, il a refusé (ou bien : il y a consenti).

Procédant aux fins du présent, rédigé de suite, nous préposés ci-dessus nommés et soussignés, avons notifié audit sieur...., prévenu, qu'il serait traduit, selon les formes de la loi, par-devant le tribunal correctionnel séant à ...., où il aurait à se défendre, tant sur l'application des peines édictées par la loi précitée, que sur la liquidation des dépens. Nous lui avons donné lecture de notre rapport avec interpellation de le signer, ce qu'il a fait (ou refusé), et il en a reçu de suite une copie, après qu'il a été fait et clos en son domicile, audit lieu de...., à .. heures du ...., des jour, mois et an sus-énoncés.

Saisie a l'Intérieur.

(Tissus.)

10. L'an ...., le ...., etc.

Nous soussignés ...., agissant d'après l'art. 60 de la loi du 28 avril 1816, certifions que, le présent jour, assistés de M. .... maire (adjoint, ou commissaire de police) de la commune de ...., canton de ...., arrondissement de ...., département de .... nous nous sommes transportés, à environ les .. heures du ...., chez le sieur ...., négociant audit lieu de ...., que nous connaissions pour recéler des tissus prohibés. Nous avons fait connaître à ce particulier nos qualités et l'objet de notre présence, et avec lui et M. ...., nous avons fait la visite de son domicile. Etant arrivés dans ...., nous avons découvert cinq ballots de tissus dépourvus de marques et de numéros de fabrication.

Aux termes de l'art. 42 de la loi du 21 avril 1818, toute marchandise de l'espèce de celles désignées dans l'art. 59 de la loi du 28 avril 1816, devant être saisie par le seul fait qu'elle est trouvée dépourvue de la marque de fabrique ou d'origine, nous avons déclaré audit sieur ...., la saisie de ces tissus dont nous avons, ainsi qu'il suit, fait la description en sa présence et en son domicile : 1° Un ballot marqué .... renfermant vingt pièces mousseline unie, mesurant chacune .. mètres de largeur sur .. de longueur, pesant ensemble, net, ..., et numérotées par nous de 1 à 20 ; 2° Un ballot marqué .. renfermant six pièces de ... , mesurant chacune .. de longueur sur .. de largeur, pesant ensemble, net ...., et numérotées par nous de 21 à 26 ; 3° etc.

Sur chacune desdites pièces nous avons prélevé des échantillons auxquels nous avons donné le même numéro que celui de la pièce de laquelle ils ont été détachés, et qui pèsent ensemble, net, ... ; ensuite, nous avons mis ces échantillons, qui forment .. liasses, sous une seule et même enveloppe, que nous avons revêtue du cachet de M....., (maire, adjoint, ou commissaire de police,) de celui de la partie, et du nôtre ; puis, enfin, nous avons emballé les marchandises ci-dessus décrites, et nous avons scellé les enveloppes, dans lesquelles nous les avons mises, des susdits cachets dont l'empreinte est en marge du présent acte.

Procédant aux fins de notre rapport, nous préposés dénommés ci-dessus et soussignés, avons déclaré audit ...., prévenu, avec sommation d'avoir à nous suivre, ce qu'il a ...., que nous allions transporter et déposer l'objet de notre saisie

Dépôt à la Douane :	*Dépôt au chef-lieu :*
Au bureau de la douane de ...., le plus prochain, que M. ...., receveur audit bureau, y demeurant, en sera établi gardien,	A ..., chef-lieu de l'arrondissement, que nous le remettrions entre les mains de M...., sous-préfet, qui s'en constituera gardien,

et que les échantillons par nous prélevés seront adressés à qui de droit, pour, en suite de la décision du jury établi par l'article 63 de la loi du 28 avril 1816, les poursuites voulues par l'article 66 de ladite loi et les art. 42 et 43 de la loi du 21 avril 1818, être dirigées contre lui d'après les formes établies.

Nous lui avons donné lecture de notre procès-verbal, avec interpellation de le signer, ce qu'il a fait (ou refusé de faire), et il en a reçu de suite une copie, après qu'il a été fait et clos en son domicile, audit lieu de...., à .. heures du...., des jour, mois et an ci-dessus énoncés.

SAISIE A DOMICILE, DANS LE RAYON, D'OBJETS PROHIBÉS OU PAYANT PLUS DE 20 FR. LES 100 KILOG., AVEC DES OBJETS TAXÉS A MOINS DE 20 FR. LES 100 KILOG.

(Affaire mixte.)

1er RAPPORT.

Objets taxés à moins de 20 fr. les 100 kilog.

11. L'an...., le ...., etc.

Certifions qu'ayant des motifs de soupçonner qu'il existait un entrepôt frauduleux chez le sieur ...., cultivateur, demeurant à ...., commune de.... (ou hameau dépendant de la commune de....) dont la population ne s'élève pas à deux mille âmes, et qui est située à .. kilomètres de l'étranger, nous nous sommes rendus à son domicile avec M. ...., maire (ou adjoint), dont nous avions requis l'assistance : Nous y sommes arrivés vers les..heures du .... Nous lui avons de suite, après nous être fait connaitre, déclaré que notre intention était de procéder à la visite de sa maison, et nous lui en avons demandé l'ouverture des portes, en le sommant de nous accompagner, ce à quoi il a consenti. Avec lui et M ...., maire (ou adjoint), nous sommes entrés successivement dans plusieurs pièces d'habitation où nos recherches ont été inutiles; mais étant arrivés dans l'écurie attenant à ladite maison, et fermant au moyen d'un verrou, nous avons découvert, cachés dans la paille, un ballot de chicorée moulue et un ballot de garance en racines, marchandises qui sont, les premières, prohibées à l'entrée, et les secondes, soumises à des droits, et pour lesquelles il n'a pu nous produire *aucune justification d'origine.* Attendu sa double contravention à l'article 38 de la loi du 28 avril 1816, d'une part, et de l'autre, aux art. 38 et 39, titre 13 de la loi du 22 août 1791, qui interdisent le dépôt frauduleux dans les communes du rayon frontière peuplées de moins de 2000 âmes, nous lui avons déclaré la saisie de la garance en racines, faisant l'objet de sa première contravention, lui notifiant qu'immédiatement après la rédaction du présent acte, nous constaterions la seconde contravention par lui commise; puis, nous avons, en sa présence, fait, ainsi qu'il suit, la description de notre saisie : Un ballot pesant brut... renfermant... kilog. garance en racines (ou bien : Un ballot garance en racines que nous avons estimé de gré à gré à la somme de .... attendu que, faute de balances, nous n'avons pu en prendre le poids); nous lui en avons offert la main-levée sous caution solvable ou en consignant la valeur, etc. (le reste comme au n° 6).

Second Rapport.

Objets prohibés ou payant plus de 20 fr. les 100 kilog.

12. L'an ...., le ...., à .. heures du .... (l'heure de la clôture du rapport qui précède) par continuation de notre procès-verbal de ce jour, dressé à la charge du sieur ...., cultivateur, demeurant à ...., pour cause de dépôt d'un ballot chicorée moulue et d'un ballot garance en racines, et sans avoir diverti à d'autres actes, agissant toujours à la requête de l'administration des douanes, dont les bureaux sont à Paris, hôtel des Finances, etc.

Nous soussignés ...., etc. (Le reste comme au numéro précédent, jusqu'au mot: *aucune justification d'origine,* et terminer comme pour un procès-verbal de saisie d'objets prohibés; numéro 7.)

Rapport divisé en plusieurs vacations.

1er Contexte.

13. Vu l'heure tardive de ce jour qui nous empêche de terminer la vérification des marchandises par nous saisies, nous avons notifié au sieur ...., que nous nous réservions de continuer le présent rapport demain .. du courant, à .. heures du matin, en son domicile, avec sommation d'avoir à être présent à la suite de la description desdites marchandises. En conséquence, nous avons remis les objets déjà décrits dans leurs enveloppes primitives; nous avons apposé, sur ces enveloppes, ainsi que sur les .. ballots non encore vérifiés, le cachet dont empreinte est en marge du présent; invité à y mettre aussi le sien, ledit sieur .... a dit n'en point avoir (ou bien: ledit sieur ...., sur notre invitation, y a également mis le sien propre). Le sieur ...., à la charge duquel ces marchandises ont été laissées, s'en est constitué le gardien pour les représenter à notre réquisition.

Arrêté à .. heures du ...., des jour, mois et an ci-dessus, au domicile dudit sieur ...., à qui nous avons donné lecture de ce présent acte avec interpellation de le signer, ce qu'il a .... et il en a reçu de suite une copie.

2e *Contexte.*

Le ...., à .. heures du ...., à la même requête, et par continuation de notre procès-verbal commencé le .... Nous soussignés ...., après avoir reconnu en présence de M. ...., prévenu, que les scellés apposés sur les .. ballots non-vérifiés étaient sains et entiers, avons recommencé nos opérations, et reconnu, toujours en la présence dudit ...., savoir: etc.

Terminer comme dans un procès-verbal ordinaire.

Acte de dépôt de marchandises saisies a l'Intérieur.

14. Nous soussignés ...., dénommés et qualifiés au rapport qui précède, par continuation de ce même acte, et à la même requête, étant arrivés à ...., vers les .. heures du .... de ce jour, nous nous sommes immédiatement rendus, avec les marchandises saisies par nous et détaillées audit rapport, au bureau de la sous-préfecture de ladite ville, où étant, M. ...., sous-préfet de l'arrondissement, a reconnu

Prévenu présent :	*Prévenu absent :*
En présence du sieur ...., prévenu, qui a obtempéré à notre sommation de venir avec nous,	En l'absence du sieur ...., prévenu, quoique régulièrement sommé d'assister à ce dépôt,

que les cachets par nous apposés sur les ...., étaient intacts, et s'est constitué dépositaire et gardien desdites marchandises.

Fait et clos au bureau de la sous-préfecture de ...., à .. heures du ...., du (date) du mois de .... de l'année mil huit cent ....

Et de suite nous avons donné lecture de cet acte complémentaire audit sieur ...., qui, interpellé de le signer avec nous, a...., et il en a reçu de suite une copie.	Vu l'absence du sieur ...., nous avons de suite affiché une copie de cet acte complémentaire à la porte de ladite sous-préfecture, pour lui servir de notification.

Visa d'un rapport pour tenir lieu d'enregistrement.

15. Visé le rapport ci-dessus pour enregistrement, en conformité de l'art. 9, tit. 4, de la loi du 9 floréal an 7.

A ...., le ...., à .. heures du ....

(Signature du juge-de-paix ou du maire.)

Acte d'Affirmation.

16. L'an ...., le ...., à .. heures du..., devant nous ...., Juge-de-paix du canton de ...., sont comparus les sieurs ...., saisissants dénommés au rapport ci-dessus, lesquels en ont, par serment prêté entre nos mains, affirmé tout le contenu sincère et véritable, après que lecture leur en a été faite, ainsi que du présent acte, et ont signé avec nous.

Citation et Signification.

17. L'an ...., le ...., à la requête de l'administration des Douanes, dont les bureaux sont à Paris, hôtel du ministère des Finances, laquelle fait élection de domicile, pour les suites du présent, au bureau de M. ...., son receveur à ...., y demeurant, nous soussignés ...., préposés desdites douanes à la résidence de ...., agissant en vertu de l'autorisation à nous donnée par l'art. 18, titre 13, de la loi du 22 août 1791, avons

Citation :	*Signification :*
donné assignation,	signifié le jugement dont copie est ci-dessus,

au sieur ...., journalier, demeurant à ...., en son domicile audit lieu,

et parlant à sa personne, ainsi qu'il nous l'a déclaré,	et parlant à.. père ou frère dudit ...., ainsi qu'il nous a dit être et se nommer,	où n'ayant trouvé personne, nous avons de suite remis la copie du présent exploit au sieur ...., voisin dudit ....., qui s'en est chargé, et qui a visé l'original,	où n'ayant trouvé personne, et nous étant transportés chez les voisins dudit ..., dont aucun n'a voulu ou n'a pu signer l'original de l'exploit, nous nous sommes rendus chez M...., maire de ladite commune, à qui nous avons remis la copie dudit exploit, et qui a visé l'original,

Citation :	Signification :	
	Pure et simple.	*Avec commandement.*
à comparaître le. .., à .. heures du...., pardevant le tribunal correctionnel séant à...., tant pour se défendre, que pour s'entendre condamner sur les faits qui lui sont imputés par le rapport rédigé contre lui le ...., au bureau de la douane de...., lequel constate à sa charge la saisie de ..., et, pour qu'il n'en ignore et y satisfasse,	et pour qu'il ait à s'y conformer, nous lui avons, en son domicile, et parlant comme il vient d'ê-	avec commandement que nous lui avons fait d'avoir à payer, entre les mains de M...., receveur des douanes, à ...., les sommes qui lui sont réclamées par l'acte pré-rappelé, et pour qu'il n'en ignore

nous avons audit sieur ...., en son domicile, et parlant comme il vient d'être dit, laissé copie du présent exploit, dont le coût est de	tre dit, laissé copie dudit jugement et du présent exploit dont le coût est de	et y satisfasse sous les peines de droit, nous lui avons laissé copie tant dudit jugement que du présent exploit, dont le coût est de....

CONTENTIEUX.

Saisie du....

N...., prévenu

18. ÉTAT DE FRAIS.

État des frais occasionnés par la rédaction du rapport dont l'analyse est ci-contre,

SAVOIR :

1° Timbre de l'original et d'une copie, ci	»	»
2° Enregistrement du rapport .	»	»
3° Vacation du commissaire de police (quittance ci-jointe n° 1er), ci	»	»
4° Transport des marchandises	»	»
depuis .... jusqu'à .... (suivant quit-	»	»
tance ci-annexée n° 2), ci	»	»
TOTAL. . . .	»	»

Nous soussignés, certifions avoir avancé la somme de ...., pour les causes énoncées ci-dessus.

A ...., le ...., 18.

19. DEMANDE DE CONGÉ.

DOUANES.	DIRECTION DE
Service général.	INSPECTION DE
	CAPITAINERIE DE
Congés.	BRIGADE DE

Demande d'un congé de .. jours, en faveur du sieur ...., préposé, pour aller à ...., département de ...., où sa présence est nécessaire, ainsi qu'il résulte du certificat ci-joint, pour .... (régler des affaires de famille, etc.)

A ...., le ...., 18..

Le Brigadier,

AVIS DES CHEFS :

20. RAPPORT CONTRE DES PRÉPOSÉS QUI N'ONT POINT EXÉCUTÉ LEUR ORDRE DE SERVICE.

A ...., le .... 18..

Monsieur le Lieutenant,

J'ai l'honneur de porter à votre connaissance les faits suivants :

Le .. du courant, j'ai prescrit aux préposés N. et M. de faire un service d'observation à ...., depuis .. heures du .... jusqu'à .... Ils ont pris leurs effets et se sont rendus au point que je leur avais désigné.

Vers les .. heures du ...., suivi du préposé C., je suis allé les rebattre : je les ai cherchés, je les ai appelés, j'ai même tiré un coup de feu, mais tout a été inutile ; ils n'étaient plus sur le terrain.

Je revenais au poste, quand j'appris d'un paysan, le sieur ...., que, vers les .. heures du ...., ces deux employés s'étaient dirigés sur le village de .... Je m'y rendis incontinent, et, en effet, je les trouvai dans le cabaret du sieur ...., où ils étaient attablés avec .. individus d'assez mauvaise mine, et avec lesquels ils échangeaient des propos injurieux. Je les engageai à sortir et à se rendre à leur devoir ; mais ils étaient tellement animés, tellement excités par le vin et par la colère, qu'ils semblèrent ne point m'entendre et qu'ils continuèrent à répondre aux invectives dont ils étaient l'objet. N. ayant, dans ce moment même, reçu un coup de poing sur le visage, riposta par un autre coup de poing ; il fut imité par M., et ce fut le signal d'une lutte violente. Chaises, tables, bouteilles, tout ce qui se trouva sous la main devint une arme offensive ou défensive. Pour mettre fin à cette scène, je me fis aider par le cabaretier, et le préposé qui m'accompagnait, et je fus assez heureux pour retirer mes deux hommes d'entre les mains de leurs adversaires qui devenaient de plus en plus furieux.

De retour à la résidence, j'interrogeai N. et

M. sur le motif qui les a fait abandonner le service que je leur avais confié ; ils m'ont répondu qu'il y avait à peu près .. heures qu'ils avaient pris leur position, quand ils ont visité un sieur ...., qui venait du village de.... ; qu'ayant appris de lui qu'une bande de fraudeurs était arrêtée au cabaret du sieur...., ils s'y étaient rendus ; qu'ils avaient fait quelques recherches autour de son domicile ; que n'ayant rien découvert, ils étaient entrés et avaient vu la bande qui buvait ; qu'alors, et par contenance, ils avaient demandé un litre et un morceau de fromage ; qu'enfin, c'est tandis qu'ils mangeaient, qu'ils ont été insultés et provoqués par les fraudeurs.

J'ai vérifié cette déclaration ; j'ai lieu de la croire véridique.

Les fraudeurs qui ont maltraité ces deux employés, appartiennent à la bande du sieur ....; ils venaient de...., et semblaient aller à...., où les attendait leur chef. Dans la prévision d'un passage pour cette nuit, j'ai fait les dispositions nécessaires et j'ai prévenu mes deux collègues de ...., et de ....

N. a reçu des coups dont la gravité pourra le retenir au lit pendant plusieurs jours ; quant à M., il n'a eu que de légères contusions.

Ces deux préposés, auxquels, jusqu'ici, je n'ai eu à adresser aucun reproche, témoignent un vif regret de la faute grave que le seul désir de bien faire semble leur avoir fait commettre ; je ne puis que les recommander à votre bienveillance.

Je suis avec respect,
Monsieur le Lieutenant,
Votre très-humble serviteur.
Le Brigadier,

Rapport d'une Piste.

21. Le .. du mois courant, à .. heures du matin, le préposé N. exécutant le rebat de droite (ou de gauche), a remarqué quelques pas de chaussons sur le chemin qui conduit de .. à .. ; il a fait part de cette découverte au sous-brigadier P. qui opérait le contre-rebat. Prévenu par eux vers les .. heures, je me suis immédiatement rendu sur les lieux avec les préposés A. C. et D. et j'y ai reconnu que la piste dont il s'agit était composée de .. pas. J'ai de suite donné l'ordre au sous-brigadier de la suivre avec les préposés N. et C., et je l'ai remontée moi-même avec les préposés A. et D. Elle m'a conduit par .. (désigner les lieux) jusqu'à .. où je l'ai perdue sur le chemin ferré de .. que la bande paraît avoir emprunté dès sa sortie de l'étranger. J'ai prévenu mon collégue de .. qui s'est chargé de continuer les recherches sur sa penthière, et je suis rentré au poste à .. heures du ..

Le sous-brigadier P, avec ses deux hommes, a suivi la trace par.. (désigner les lieux) et est arrivé jusqu'au village de..(ou jusqu'à la forêt de..) où toute recherche est devenue impossible. Ou bien: jusqu'au village de.. où il a appris que la bande s'était arrêtée chez le sieur .. qui passe pour recéler les marchandises de contrebande. Il a aussitôt gardé les issues de l'habitation de ce particulier, tandis que le préposé C., courait prévenir M... lieutenant, qui (ou bien: la brigade voisine de..dont le chef, le sieur..) est arrivé avec les préposés.. Ainsi renforcé, il a fait demander l'assistance de M... maire dudit village, et, tous ensemble, ils ont pénétré dans ladite habitation où leurs recherches ont été infructueuses.

Il est rentré à.. heures du..

La bande, après avoir emprunté la penthière de.. s'est jetée sur celle de.. où sa piste a été trouvée. Dans sa marche, elle a passé à.. pas à gauche (ou à droite) de la position des préposés.. et à.. pas à droite (ou à gauche) de l'embuscade de.. Par une nuit bien claire, elle aurait pu être aperçue; mais l'obscurité de la nuit l'a protégée. Le service est à l'abri de tout reproche.

D'après les renseignements que j'ai recueillis, le passage en question aurait eu pour objet l'introduction de.. charges de.. Ces charges appartiendraient au chef de bande.. qui les aurait fait diriger sur le village de..

d'où elles seraient sorties le lendemain pour être transportées à l'intérieur.

A ...., le .... 18..

Le Brigadier,

Rapport de l'attaque d'une bande de fraudeurs.

22. Après avoir rédigé le rapport dont le modèle est imprimé sous le N° 98 bis de la série E, le brigadier doit indiquer au bas, d'une manière concise, mais claire, les suites données à l'affaire. Voici une formule qu'il pourra consulter à cet effet.

D'après l'ordre inscrit au registre de Travail, les préposés N et M étaient embusqués à .. point qu'ils devaient garder pendant la nuit du .. au .. du mois courant. Vers les .. heures du .. le préposé N, qui veillait alors, ayant entendu du bruit, éveilla de suite son camarade, et bientôt ils aperçurent deux hommes venant de leur côté en battant les buissons et en portant leurs regards de tous côtés. Pensant avec raison que c'étaient des espions, ils les laissèrent passer : peu de temps après, ils virent venir sur leurs traces une bande qui leur parut forte de .. hommes. Sans perdre un moment, ils se mirent à leur poursuite en lâchant un coup de feu, et N parvint à en arrêter un qui était encore chargé d'un ballot ; M. malgré sa vitesse, n'ayant pu en joindre aucun, revint près de lui pour lui prêter secours et garder le lieu d'attaque. Des recherches opérées par eux amenèrent encore la découverte de deux autres charges abandonnées par les fuyards.

Les préposés C et D, embusqués à .. pas de là, arrivèrent au coup de feu; ils continuèrent les recherches mais sans résultat.

Au jour, la piste a été remontée par les préposés .. qui l'ont suivie jusqu'à.. ; elle passait par .. et paraissait venir du côté de..

La brigade de .. située en 1re ligne, a été prévenue.

La bande est celle du sieur .. qui approvisionne ordinairement les villages de .. situés dans l'intérieur; les trois charges capturées étant uniquement composées de ..., il est probable que celles qui ont échappé étaient de même nature : ces dernières ont été conduites au village de.. Je n'ai pu obtenir aucun renseignement sur leur destination ultérieure.

La saisie, qui est due à l'activité et à l'intelligence de M et N, a été constatée au bureau de .. elle se compose de .. Le seul prévenu arrêté est le nommé .. demeurant à .. qui se livre habituellement à la fraude ; il n'a d'autres ressources pécuniaires que celles que lui procure ce trafic honteux.

A .. le .. 18..

Le Brigadier,

L'Administration ayant tout récemment donné un modèle de rapport, je crois devoir le présenter ici avec les notes qui l'accompagnent.

Ce modèle pouvant servir dans un grand nombre de cas, les employés feront bien de l'apprendre par cœur, et de chercher, par de nombreux exercices, à l'appliquer à toutes les circonstances qui peuvent se présenter.

Le voici :

23. L'an 18.. le.. à la requête de l'Administration des Douanes, dont le bureau central est à Paris, hôtel du ministère des finances, laquelle fait élection de domicile (1) .. y demeurant, rue .. n° .., chargé des poursuites aux fins du présent, nous soussignés (2)

Vu la contravention a loi d (3) nous avons déclaré (4) avec sommation de nous

---

(1) Au bureau de M. .... (Nom, prénoms et grade de l'employé poursuivant) — ou (dans les lieux où l'administration l'aura autorisé) chez M.e ...., avoué (ou avocat), à ....

(2) Noms, prénoms, grades et résidences de *chacun* des verbalisants. — Précis des circonstances de l'affaire.

(3) Enumérer la (ou les) loi et article (ou les articles) violés.

(4) Au sieur .... (ou aux sieurs) la saisie (ou la retenue) des objets dont l'énoncé précède et l'arrestation de sa (ou de leur) personne (s'il y a lieu).

suivre par devers M. .. Receveur des Douanes, en son bureau sis à .. rue .. n° .. où il demeure, pour assister à la description des objets .. (5) et à la rédaction de notre rapport, entendre lecture d'icelui et en recevoir copie. Nous nous sommes immédiatement rendus audit bureau, où étant le .., à .. heure .. midi, nous avons reconnu en (6) et conjointement avec notredit sieur (7) Receveur des Douanes, que les marchandises, objet de l'infraction, consistaient en (8) dont ledit M. .. Receveur, a accepté le dépôt.

Et pour procéder aux fins du présent, rédigé de suite (9) à comparaître (10) pardevant le (11) pour entendre prononcer l (12), et s'ouïr en outre condamner à l'amen-

---

(5) Saisis ou retenus.

(6) Présence (ou l'absence) du (ou des) prévenu.

(7) Nom et prénoms du dépositaire.

(8) Description qui doit être donnée alors même qu'elle existerait déjà plus haut.

(9) Citons le prévenu sus-désigné (ou déclarons au prevenu sus-désigné, qu'il sera assigné dans les formes et délais voulus).

(10) Indiquer, pour les cas civils, le lieu et l'heure de la comparution.

(11) Tribunal correctionnel séant à.... (ou le juge-de-paix du canton du .... au lieu ordinaire de ses séances).

(12) La confiscation des objets saisis (ou la retenue, pour sûreté de l'amende, des objets décrits ci-dessus).

de de .., décime en sus, ainsi qu'aux dépens et autres peines, s'il y a lieu; le tout conformément à la loi précitée.

Nous avons offert au prévenu main-levée, sous caution solvable, ou en consignant la valeur, de .. le prévenu (13)

Nous avons (14)

Fait et clos à (15) .. les jour, mois et an

---

(13) A (ou ont) accepté ou refusé.

(14) Si le prévenu est présent, on remplira ainsi ce paragraphe : « Nous avons donné lecture du » présent rapport au (ou aux) prévenu présent, » nous l'avons interpellé de le signer, et il en a » reçu copie (ou *ils* en ont reçu *chacun* copie). » S'il ne veut ni signer, ni recevoir copie, on modifiera la dernière formule, en mettant : « Il a refu- » sé de signer et n'en a pas voulu recevoir copie. » Nous en avons alors immédiatement affiché copie » à la porte extérieure du bureau. »

Si le prévenu est absent, on mettra : « Nous n'a- » vons pu donner lecture du présent au (ou aux) » prévenu , nous n'avons pu lui (ou leur) en re- » mettre copie, attendu son (ou leur) absence. » Nous en avons immédiatement affiché copie à la » porte extérieure du bureau. »

Si une partie seulement des prévenus est présente, après avoir rapporté ce qui aura été fait à l'égard des prévenus présents, on ajoutera : « Nous » avons immédiatement affiché copie du présent à » la porte extérieure du bureau, pour ce qui con- » cerne les prévenus *tels* et *tels*, absents. »

(15) Au bureau, à bord ou à domicile.

ci-dessus, à .. heure .. à .. midi, et avons signé, chacun pour ce qui le concerne, avec le Receveur dépositaire.

L'an 18.., le .. à .. heure .. à .. midi, par-devant nous, .. juge-de-paix du canton d .. sont comparus les sieurs (16) .. lesquels, après lecture à eux donnée du procès-verval ci-dessus et d'autre part, l'ont affirmé sincère et véritable dans tout son contenu. En foi de quoi nous avons dressé le présent acte, qu'ils ont signé avec nous, après lecture.

Enregistré à .. le .. 18.. ° case .. reçu .. franc .. centimes,

Le Receveur,

---

(16) Noms, prénoms, qualités et demeures des affirmants, qui doivent être au moins *deux* pour chaque fait distinct.

FIN.

TABLE DES MATIÈRES.

FIN DE LA TABLE.

On trouve chez l'Auteur :

GUIDE du Préposé, prix. . . . . 1 fr.

TRAITÉ du Contentieux des Douanes de terre, (2me édition), prix 5 fr. 50 c.

DICTIONNAIRE de la Comptabilité des Douanes, prix . . . . . 9 fr. 50 c.

Pour paraître prochainement :

MANUEL du Receveur.

www.ingramcontent.com/pod-product-compliance
Ingram Content Group UK Ltd.
Pitfield, Milton Keynes, MK11 3LW, UK
UKHW020332180726
13839UKWH00002B/669